O LIVRE MERCADO
E SEUS INIMIGOS

PSEUDOCIÊNCIA, SOCIALISMO E INFLAÇÃO

Coleção Ludwig von Mises - volume 1

Ludwig von Mises

O LIVRE MERCADO E SEUS INIMIGOS
PSEUDOCIÊNCIA, SOCIALISMO E INFLAÇÃO

Edição, Introdução e Notas de Richard M. Ebeling
Apresentação à edição brasileira por Henry Hazlitt
Prefácio à edição brasileira por Jeffrey A. Tucker
Posfácio à edição brasileira por Joseph T. Salerno
Tradução de Maria Alice Capocchi Ribeiro

LVM
EDITORA

Impresso no Brasil, 2024

Título original: *The Free Market and Its Enemies: Pseudo-Science, Socialism, and Inflation*
Copyright © 2004 by Foundation for Economic Education
Copyright do texto de Henry Hazlitt © 1997 by Ludwig von Mises Institute
Copyright do texto de Joseph T. Salerno © 2010 by Ludwig von Mises Institute

Os direitos desta edição pertencem a
Instituto Ludwig von Mises Brasil
Rua Leopoldo Couto Magalhães, 1098, Cj. 46 – 04542-001, São Paulo, SP, Brasil
Telefax: 55 (11) 3704-3782
contato@mises.org.br · www.mises.org.br

Editor Responsável | Alex Catharino

Curador da Coleção | Helio Beltrão

Tradução | Maria Alice Capocchi Ribeiro

Tradução da apresentação e do posfácio | Claudio A. Téllez-Zepeda

Tradução do prefácio | Paulo Polzonoff

Revisão da tradução | Márcia Xavier de Brito & Ligia Alves

Revisão técnica e Preparação de texto | Alex Catharino

Revisão ortográfica e gramatical | Carlos Nougué

Revisão final | Márcio Scansani / Armada

Produção editorial | Alex Catharino

Capa e projeto gráfico | Rogério Salgado / Spress

Diagramação e editoração | Spress Diagramação

Elaboração do índice remissivo | Márcio Scansani / Armada

Pré-impressão e impressão | Gráfica Viena

Dados Internacionais de Catalogação na Publicação (CIP)
Angélica Ilacqua CRB-8/7057

M678s Mises, Ludwig von, 1881-1973
O livre mercado e seus inimigos: pseudociência, socialismo e inflação/ Ludwig von Mises; prefácio de Jeffrey A. Tucker; apresentação de Henry Hazlitt; introdução de Richard M. Ebeling; posfácio de Joseph T. Salerno; tradução de Maria Alice Capocchi Ribeiro. – São Paulo, SP: LVM Editora, 2020.
264 p. (Coleção von Mises; volume 13)

ISBN: 978-85-93751-84-4
Título original: The free market and its enemies: pseudo-science, socialism, and inflation

1. Ciências sociais 2. Economia 3. Política econômica 4. Planejamento econômico centralizado 5. Estado 6. Mercado 7. Liberdade 8. Socialismo 9. Inflação I. Título II. Tucker, Jeffrey A. III. Hazlitt, Henry IV. Ebeling, Richard M. V. Salerno, Joseph T. VI. Ribeiro, Maria Alice Capocchi

20-1494 CDD 300

Índices para catálogo sistemático:
1. Ciências sociais 300

Reservados todos os direitos desta obra.
Proibida toda e qualquer reprodução integral desta edição por qualquer meio ou forma, seja eletrônica ou mecânica, fotocópia, gravação ou qualquer outro meio de reprodução sem permissão expressa do editor.
A reprodução parcial é permitida, desde que citada a fonte.

Esta editora empenhou-se em contatar os responsáveis pelos direitos autorais de todas as imagens e de outros materiais utilizados neste livro.
Se porventura for constatada a omissão involuntária na identificação de algum deles, dispomo-nos a efetuar, futuramente, os possíveis acertos.

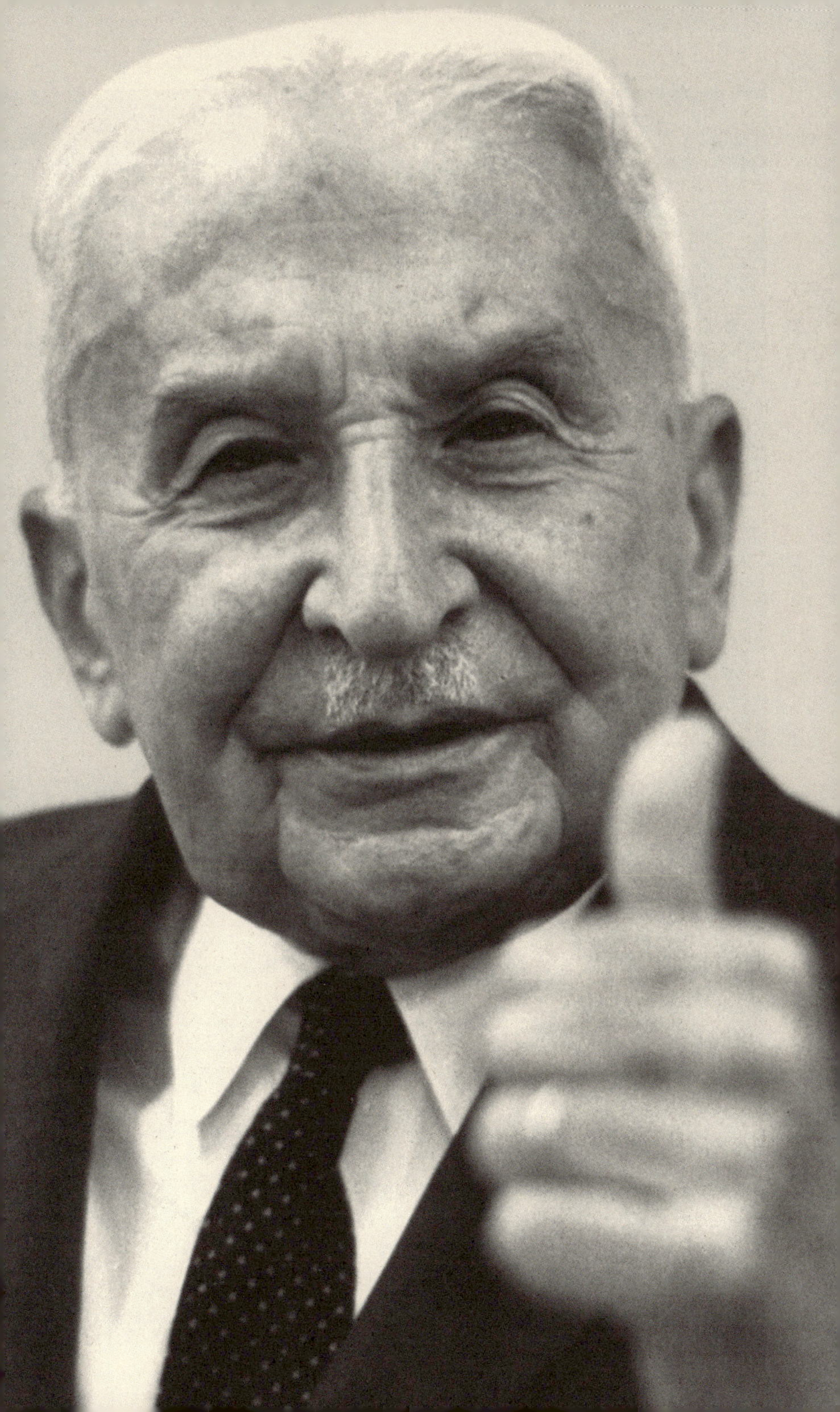

008   Nota à Edição Brasileira
Alex Catharino

013   Apresentação à Edição Brasileira
Saudando Ludwig von Mises: Durante 92 Anos, Combateu o Bom Combate
Henry Hazlitt

022   Prefácio à Edição Brasileira
Jeffrey Tucker

026   Agradecimentos
Foundation for Economic Education

028   Introdução
Richard M. Ebeling

O Livre Mercado e Seus Inimigos
Pseudociência, Socialismo e Inflação

049   1ª Palestra
A Economia e Seus Opositores

059   2ª Palestra
Pseudociência e Visão Histórica

073   3ª Palestra
O Homem-Agente e a Economia

087   4ª Palestra
Marxismo, Socialismo e Pseudociência

Sumário

109   5ª Palestra
O Capitalismo e o Progresso Humano

127   6ª Palestra
O Dinheiro e a Inflação

143   7ª Palestra
O Padrão-ouro: sua Importância e sua Retomada

161   8ª Palestra
A Teoria da Moeda e do Crédito e os Ciclos Econômicos

181   9ª Palestra
Para Além dos Ciclos Econômicos

197   Posfácio à Edição Brasileira
Ludwig von Mises sobre a Inflação e as Expectativas
Joseph T. Salerno

255   Índice Remissivo e Onomástico

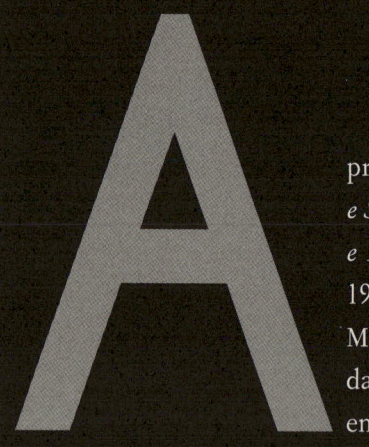

A presente edição do livro *O Livre Mercado e Seus Inimigos: Pseudociência, Socialismo e Inflação*, de Ludwig von Mises (1881-1973), foi traduzida para o português por Maria Alice Capocchi Ribeiro, a partir da edição norte-americana publicada, em 2004, pela Foundation for Economic Education (FEE) com o título *The Free Market and Its Enemies: Pseudo-Science, Socialism, and Inflation*. A obra é uma transcrição feita por Bettina Bien Greaves das nove palestras ministradas pelo autor, entre os dias 25 de junho a 6 de julho de 1951 pelo autor na sede da FEE, na cidade de Irvington-on-Hudson, em Nova York, nos Estados Unidos. O livro em inglês foi lançado com uma introdução do professor Richard M. Ebeling, que na época ocupava o cargo de presidente da FEE.

Nota à Edição Brasileira

Como em todos os títulos da Coleção von Mises, nesta edição foram adicionados mais alguns textos de outros autores. Traduzido para o português por Paulo Polzonoff, um prefácio exclusivo para este volume foi escrito em inglês por Jefrrey A. Tucker, que ocupava na ocasião da entrega do texto o cargo de diretor de conteúdo da FEE. Como apresentação e como posfácio acrescentamos as traduções de Claudio A. Téllez-Zepeda do texto "Salute to Von Mises: For 92 Years He Has Fought the Good Fight", escrito pelo jornalista e conomista norte-americano Henry Hazlitt (1894-1993) e lançada na edição de 1º de outubro de 1973 no periódico *Barron's: National Business and Financial Weekly*, atualmente disponível no *site* do Ludwig von Mises Institute, bem como o ensaio "Ludwig von Mises on Inflation and Expectations" do economista norte-americano Joseph T. Salerno, publicado originalmente no *Advances in Austrian Economics* (Volume 2,

1995) e reeditado como capítulo 8 do livro *Money, Sound and Unsound* (Auburn: Ludwig von Mises Institute, 2010).

Incluímos nos nove capítulos, bem como na apresentação e no posfácio, algumas notas de rodapé, elaboradas por nós e devidamente sinalizadas como Notas do Editor (N. E.). As notas de rodapé sem nenhum tipo de sinalização, ao longo do texto das palestras de Ludwig von Mises, foram incluídas na edição original em inglês por Richard M. Ebeling, sendo que algumas delas, principalmente as com indicações bibliográficas, foram substituídas por notas do editor. O índice remissivo e onomástico do livro foi ampliado com inclusão de mais conceitos, nomes próprios de pessoas, locais e instituições, além dos títulos de obras citadas ao longo do presente volume.

Expressamos aqui a gradidão, em nome de toda a equipe do IMB e da LVM, pelo apoio inestimável que obtivemos ao longo da elaboração da presente edição de inúmeras pessoas, dentre as quais destaco os nomes de Lawrence W. Reed, Carl Oberg e Jeffrey Tucker da Foundation for Economic Education (FEE) e de Llewellyn H. Rockwell Jr., Joseph T. Salerno e Judy Thommesen do Ludwig von Mises Institute.

Alex Catharino
Editor Responsável da LVM

Nos últimos cem anos, a oposição à economia sólida tem aumentado. Essa é uma questão muito séria, já que as objeções foram levantadas como argumentos contra toda a civilização burguesa e não podem ser simplesmente classificadas como "ridículas" e ignoradas. As objeções devem ser analisadas e avaliadas criticamente.

Dr. Ludwig Edler von Mises

No último sábado, 29 de setembro de 1973, celebrou-se o 92º aniversário de Ludwig von Mises (1881-1973), o maior economista analítico de sua geração. Também foi um dos paladinos do empreendedorismo privado e do livre mercado mais habilidosos deste século. Esses noventa e dois anos foram incrivelmente frutíferos. Ao lhe conferir seu *Distinguished Fellow Award*, em 1969, a *American Economic Association* [Associação Americana de Economia] creditou Mises como autor de 19 volumes contando somente suas primeiras edições, mas 46 volumes contando todas as edições revisadas e traduções para outros idiomas.

Em seus últimos anos, Mises foi agraciado com outras honrarias. Recebeu o título de doutor honorário em Direito no Grove City College em 1957, de doutor honorário em Direito na New York University

Apresentação à Edição Brasileira
Saudando Ludwig von Mises: Durante 92 Anos, Combateu o Bom Combate

Henry Hazlitt

(NYU) em 1963 e de doutor honorário em Ciência Política na Universidade de Freiburg em 1964. Ademais, duas *Festschrifts* lhe foram dedicadas – *On Freedom and Free Enterprise* [*Sobre a Liberdade e a Livre Empresa*], em 1956, contendo ensaios em sua homenagem produzidos por dezenove autores, e *Toward Liberty* [*Em Prol da Liberdade*], uma obra em dois volumes publicada em 1971 por ocasião de seu nonagésimo aniversário, contendo contribuições de sessenta e seis autores.

Entretanto, tais honrarias, mesmo se consideradas como um todo, mal parecem ser proporcionais a suas realizações. Se já houve um homem que mereceu o Prêmio Nobel de Economia, esse homem é Mises. Nos poucos anos de sua existência, contudo, tal prêmio foi concedido a um punhado dos assim chamados "economistas matemáticos" – em grande parte, suspeitamos, porque somente um desfile de equações matemáticas ininteligíveis impressiona os leigos responsáveis por considerarem os laureados como verdadeiramente "científicos" e talvez porque concedê-lo a economistas principalmente por causa de suas capacidades matemáticas permite que os doadores possam se abster de tomar partido nos temas políticos e econômicos centrais de nossa época – o livre mercado contra os controles governamentais e o "planejamento", o capitalismo contra o socialismo, a liberdade humana contra o totalitarismo.

Ludwig von Mises nasceu no dia 29 de setembro de 1881 em Lemberg, então parte do Império Austro-Húngaro. Ingressou na Universidade de Viena em 1900, estudou com o grande Eugen von Böhm-Bawerk (1851-1914) e obteve seu doutorado em Direito e Economia em 1906. Em 1909, tornou-se conselheiro econômico para a Câmara Austríaca de Comércio, cargo que manteve até 1934.

Em 1913, após a publicação em alemão de sua obra *Theorie des Geldes und der Umlaufsmittel*[1] [*A Teoria da Moeda e dos Meios Fiduciários*], no ano anterior, foi nomeado professor de Economia na Universidade de Viena, um cargo de prestígio, porém não remunerado, que também manteve por vinte anos. Seu famoso seminário em Viena atraiu e inspirou, entre outros, estudantes brilhantes tais como F. A. Hayek (1899-1992), Gottfried Haberler (1900-1995) e Fritz Machlup (1902-1983).

Em 1934, antecipando a possibilidade de que Adolf Hitler (1889-1945) invadisse a Áustria, Mises partiu, aconselhando

---

[1] Disponível em inglês na seguinte edição: MISES, Ludwig von. *Theory of Money and Credit*. Pref. Murray N. Rothbard; intr. Lionel Robbins; trad. Harold E. Batson. Indianapolis: Liberty Fund, 1981. (N. E.)

seus estudantes a fazerem o mesmo. Primeiro, tornou-se professor de relações econômicas internacionais no *Graduate Institute of International Studies* [Instituto Universitário de Altos Estudos Internacionais] em Genebra. Em 1940, veio para os Estados Unidos da América.

Mises já era autor de mais de meia dúzia de livros, inclusive três obras-primas, mas somente uma delas, *Die Gemeinwirtschaft: Untersuchungen über den Sozialismus* [*A Economia Coletiva: Estudos sobre o Socialismo*], de 1922, tinha sido traduzida para o inglês, em 1936, com o título *Socialism: An Economic and Sociological Analysis*[2] [*Socialismo: Uma Análise Econômica e Sociológica*]. Assim, Mises era praticamente desconhecido aqui e, como a ideologia econômica da moda na época era o keynesianismo e o *New Deal* como seu fruto, foi desdenhado como reacionário.

Obter um cargo acadêmico se mostrou difícil. Voltando-se para os livros, escreveu *Omnipotent Government*[3] [*Governo Onipotente*], de 1944, uma história e uma análise do colapso do liberalismo alemão e da ascensão do nacionalismo e do nazismo. Foi somente em 1945 que se tornou professor visitante na *Graduate School of Business Administration of New York University* [Escola de Pós-Graduação em Administração de

---

[2] Disponível atualmente em língua inglesa na seguinte edição: MISES, Ludwig von. *Socialism: An Economic and Sociological Analysis*. Pref. F. A. Hayek; trad. J. Kahane. Indianapolis: Liberty Fund, 1992. (N. E.)

[3] A obra está disponível atualmente na seguinte edição: MISES, Ludwig von. *Omnipotent Government: The Rise of the Total State and Total War*. Ed. e pref. Bettina Bien Greaves. Indianapolis: Liberty Fund, 2011. (N. E.)

Empresas da Universidade de Nova York], cargo que manteve até 1969.

O corpo da sua obra é grande e impressionante. Mas podemos nos limitar, aqui, a considerar duas de suas três obras-primas – *Theorie des Geldes und der Umlaufsmittel* [*A Teoria da Moeda e dos Meios Fiduciários*], que apareceu pela primeira vez na Alemanha em 1912; *Die Gemeinwirtschaft: Untersuchungen über den Sozialismus* [*A Economia Coletiva: Estudos sobre o Socialismo*], originalmente em alemão no ano de 1922; e *Human Action: A Treatise on Economics*[4] [*Ação Humana: Um Tratado sobre Economia*], de 1949, , que surgiu de uma primeira versão alemã que apareceu em 1940 com o título *Nationalökonomie: Theorie des Handelns und Wirtschaftens* [*Economia: Teoria da Ação e da Atividade Econômica*].

As contribuições de Mises à teoria monetária foram muito numerosas para listá-las por completo. Por um lado, obteve sucesso em integrar a teoria monetária à teoria econômica. Antes dele, a teoria econômica geral e a teoria da moeda eram mantidas separadamente, quase como se não tivessem relação.

Mises também constatou as falácias nas propostas dos assim chamados monetaristas, de que "o nível de preços" poderia ou deveria ser estabilizado pelos administradores do governo, que aumentariam a quantidade de moeda em certa porcentagem todos os anos. Viu que a inflação não pode ser

---

[4] O monumental tratado está disponível em português na seguinte edição: MISES, Ludwig von. *Ação Humana: Um Tratado de Economia*. Trad. Donald Stewart Jr. São Paulo: Instituto Ludwig von Mises Brasil, 3ª ed., 2010. (N. E.)

controlada automaticamente – devido a seu impacto sobre as expectativas, um aumento na quantidade de moeda, em seus estágios iniciais, tende a aumentar os preços de maneira menos que proporcional; em seus últimos estágios, mais que proporcional.

Mises também rejeitou o conceito simplista de "nível de preços". Observou que aumentos na quantidade de moeda não elevam todos os preços proporcionalmente; a nova moeda vai para pessoas ou setores industriais específicos, elevando seus preços e rendimentos primeiro. O efeito da inflação é sempre redistributivo da riqueza e da renda de formas que distorcem os incentivos e a produção, criam injustiças óbvias e produzem descontentamento social.

Ademais, Mises apresentou no livro *Theorie des Geldes und der Umlaufsmittel* [*A Teoria da Moeda e dos Meios Fiduciários*], pela primeira vez, ao menos os rudimentos de uma explicação satisfatória do ciclo de negócios. Mostrou que os altos e baixos não eram de forma alguma inerentes ao capitalismo, tal como os marxistas insistiam, mas que tendiam a ser inerentes às práticas monetárias e creditícias prevalecentes na época (e em grande parte desde então). O sistema de reservas bancárias fracionárias, bem como o apoio proporcionado pelos bancos centrais, tende a promover a superexpansão da moeda e do crédito. Isso eleva os preços e diminui artificialmente as taxas de juros, originando dessa maneira investimentos inadequados. Finalmente, por uma série de razões, a pirâmide invertida do crédito encolhe ou colapsa, resultando em pânico ou depressão.

O tratado *Die Gemeinwirtschaft: Untersuchungen über den Sozialismus* [*A Economia Coletiva: Estudos sobre o Socialismo*] de Mises é um clássico da literatura econômica escrito em nossa época. É a análise mais devastadora do sistema que já foi escrita. Examina essa filosofia desde praticamente todos os aspectos possíveis — sua doutrina da violência, bem como a da propriedade coletiva dos meios de produção; sua proposta de solução para o problema da produção e distribuição; seu funcionamento provável sob condições tanto estáticas quanto dinâmicas; suas consequências nacionais e internacionais.

Trata-se, francamente, da refutação mais elaborada e destruidora do socialismo desde que Eugen von Böhm-Bawerk publicou sua memorável obra *Zum Abschluss des Marxschen Systems*[5] [*Karl Marx e o Fim de Seu Sistema*], em 1889. É mais do que isso. Böhm-Bawerk se limitou principalmente a examinar as tecnicalidades econômicas de Marx. Mises escrutou o socialismo em todos os seus aspectos perversos.

Sua contribuição notável foi observar que o socialismo deve necessariamente fracassar por ser incapaz, por sua própria natureza, de resolver "o problema do cálculo econômico". Um governo socialista não sabe como distribuir seu trabalho, capital, terras e outros fatores de produção da melhor maneira possível. Dado que não sabe quais mercadorias são produzidas resultando em ganhos sociais e quais resultam em perdas sociais, não sabe quanto de cada mercadoria ou serviço predeterminar em seu planejamento.

---

[5] Republicado pela Libertarian Press em *Shorter Classics of Böhm-Bawerk*, com um novo título: "Unresolved Contradiction in Marxian Economic System".

Em resumo, a maior dificuldade para a concretização do socialismo, sob o ponto de vista de Mises, é intelectual. Não é meramente questão de boa vontade ou de disposição para cooperar vigorosamente sem esperar recompensas pessoais. *"Mesmo os anjos, se fossem dotados apenas de razão humana, não poderiam formar uma comunidade socialista".* O capitalismo resolve o problema do cálculo econômico por meio dos preços monetários e custos monetários dos bens de consumo e de produção, que são fixados por intermédio da concorrência no mercado aberto.

Com base nessa única realização, o falecido Oskar Lange (1904-1965), um economista marxista que veio a se tornar membro do Politburo polonês, chegou a propor que os socialistas do futuro levantassem um monumento a Ludwig von Mises. Conforme Lange, *"foi sua crítica poderosa que forçou os socialistas a reconhecerem a importância de um sistema adequado de contabilidade econômica para orientar a alocação dos recursos em uma economia socialista".* Lange ao menos foi levado a reconhecer o problema e acreditou tê-lo resolvido. Na verdade, a única maneira de os socialistas resolverem isso seria adotando o capitalismo.

Dado que ilustra não somente a força de sua lógica, mas também a profundidade de sua percepção, o poder de sua liderança intelectual e a inquietante previsão com a qual julgou o curso dos eventos há mais de 40 anos, não posso esquecer de citar uma passagem da última página do *Die Gemeinwirtschaft: Untersuchungen über den Sozialismus* [*A Economia Coletiva: Estudos sobre o Socialismo*] de Mises:

Cada um carrega sobre os ombros uma parte da sociedade; ninguém é aliviado de sua parcela de responsabilidade pelos demais. E ninguém pode encontrar uma saída segura para si se a sociedade caminha para a destruição. Assim todos, em seu próprio interesse, devem se lançar vigorosamente à batalha intelectual. Ninguém pode ficar de lado, despreocupado; os interesses de todos dependem do resultado. Quer queira, quer não, cada homem é arrastado para a grande batalha histórica, a contenda decisiva em que nossa época mergulhou.

Conforme observou certa vez o eminente economista francês Jacques Rueff (1896-1978): *"Aqueles que o ouviram muitas vezes ficaram surpresos ao serem conduzidos pela força de seu raciocínio a lugares para onde, em sua timidez tão humana, jamais ousaram penetrar"*.

A essência da economia de mercado é que as ações econômicas dos indivíduos não são executadas por ordem do governo, mas de forma espontânea. Por essa razão, a moeda, o meio de troca, precisa ser independente de qualquer influência política. Caso contrário, os próximos anos serão nada mais que uma série de fracassos de várias políticas governamentais monetárias e creditícias.

Dr. Ludwig Edler von Mises

O temperamento literário de Ludwig von Mises (1881-1973) era exato, formal e brilhante. Sobretudo quanto à teoria econômica, ali estão contidas todas as etapas da lógica. Ele busca criar estruturas de raciocínio como os pedreiros constroem edifícios. Todo ponto parte de um princípio e leva a outro ponto. Seu estilo às vezes é apaixonado e incisivo, mas só depois que a emoção foi justificada por um argumento.

Às vezes, contudo, você deseja que Mises pudesse se recostar e relaxar um pouco, falar mais informalmente, ruminar com base em seu conhecimento enciclopédico. Nem sempre é necessário construir argumentos destinados à imortalidade. Às vezes só queremos ideias,

Prefácio à Edição Brasileira

Jeffey A. Tucker

opiniões pontuais e análises, indícios de pesquisas mais profundas, referências literárias e assim por diante.

Isso seria uma dádiva dos deuses!

Bom, isso se tornou realidade. O ano era 1951. Leonard E. Read (1898-1983), fundador da Foundation for Economic Education (FEE), fez o discurso de abertura para uma palestra de Mises, cuja obra-prima, *Human Action* [*Ação Humana*], tinha sido publicada dois anos antes, em 1949. Pode-se dizer que ele estava no auge, só que Mises sempre pareceu estar no seu auge.

As palestras foram registradas palavra a palavra usando a estenografia de Bettina Bien-Greaves (um talento praticamente perdido). Deve ter sido incrível estar presente. As anotações dela não foram publicadas durante a vida de Mises. Foi necessário um esforço hercúleo para transformá-las em texto e depois editá-las em um livro. Isso aconteceu somente em 2004. O livro foi publicado pela FEE, mas, estranhamente, chamou pouca atenção. A maioria dos misesianos nem sabe que essa obra existe.

Relendo o livro no ano passado, fiquei absolutamente impressionado com suas ideias. Elas aparecem aqui e ali, ao longo da leitura. O livro contém muitos argumentos que você não encontra nos outros textos de Mises, simplesmente porque o ambiente no qual ele falou era menos formal, por isso Mises foi capaz de explorar uma porção maior de seu pensamento.

Sou profundamente grato por muitas das ideias contidas neste livro, mas quero mencionar uma em específico que me abalou tanto que ainda estou impactado. Mises está discutindo a reação à descoberta da economia e a libertação da sociedade, antes sob domínio autoritário. Ele nota que a primeira reação veio dos nobres, da elite, da classe dominante, que se ressentia da ascensão da classe média.

E então ele começa a falar da influência de Georg Wilhelm Friedrich Hegel (1770-1831). Mises nos oferece uma ideia capaz de abalar tudo. A visão de Hegel de que a história tinha um propósito ativo alheio ao ser humano acaba se traduzindo em um ataque à economia e ao livre mercado. Hegel se tornou o antiliberal mais famoso até aquele instante. Mises diz que, em seguida, Hegel se divide em esquerda e direita. A direita acreditava que a história rumava para um momento culminante no qual toda a autoridade terrena estivesse personificada pelo Estado prussiano e a Igreja. A esquerda acreditava que o ponto culminante era mais abrangente e se caracterizaria pelo surgimento de um novo homem, completamente diferente dos homens ao longo da história. Os hegelianos de direita se tornaram fascistas e conservadores corporativos/teocráticos/conservadores, enquanto os hegelianos de esquerda passaram a seguir o socialismo até se depararem com Karl Marx (1881-1883).

Usando esse modelo, é possível reconstruir toda a história intelectual da política e da sociedade desde o início do século XIX até hoje. O modelo é exuberante e está cheio de implicações para nosso tempo. E, até onde sei, só aqui é que ele faz essa observação com tamanha clareza – o que se deve, mais uma vez, à estrutura informal da palestra.

E isso apenas em poucos parágrafos! Toda a coletânea de palestras é assim, ideia em cima de ideia. São tantas ideias interessantes que nem mesmo os estudiosos misesianos começaram a refletir sobre as implicações dos pensamentos contidos neste livro.

É notável como Mises nos dá tanto! Neste caso, devemos muito a Leonard Read, à FEE, a Bettina Greaves e a todos aqueles que se esforçaram para tirar essa palestra de um ponto pretérito no tempo e transpô-la para hoje, de modo que possamos ler e aprender.

E agora, com a tradução para o português, os brasileiros também poderão aprender o que o mestre tinha a falar mesmo ele tendo morrido há muito tempo. É isso o que se dá com as ideias. O poder delas não diminui com a passagem do tempo, assim como o domínio e brilhantismo do grande homem cujas palavras estão aqui impressas.

Estas palestras, ministradas por Ludwig von Mises no verão de 1951 na Foundation for Economic Education (FEE), não existiriam se não fosse pelo mérito de Bettina Bien Greaves, que as taquigrafou palavra por palavra e que gentilmente disponibilizou suas transcrições à FEE. A Sra. Greaves foi membro sênior da Fundação por quase cinquenta anos, até se aposentar, em 1999. Juntamente com seu falecido marido, Percy L. Greaves Jr., fazia parte do círculo de amigos íntimos de Mises. Sua compreensão e estima pelo trabalho de Mises nos ajudam a manter seu legado vivo para uma nova geração de amigos da liberdade.

A publicação destas palestras foi viabilizada pela generosidade do Sr. Sheldon Rose, de Farmington Hills, Michigan, EUA, pela Fundação Richard E. Fox, de Pittsburgh, Pensilvânia, EUA, e principalmente

Agradecimentos

pelo incansável apoio do executor fiduciário sênior da Fundação, Sr. Michael Pivarnik.

O reconhecido apuro profissional da Sra. Beth Hoffman, editora executiva da publicação mensal da FEE intitulada *The Freeman*, foi inestimável na supervisão de toda a preparação do manuscrito.

Foundation for Economic Education
Irvington-on-Hudson, New York

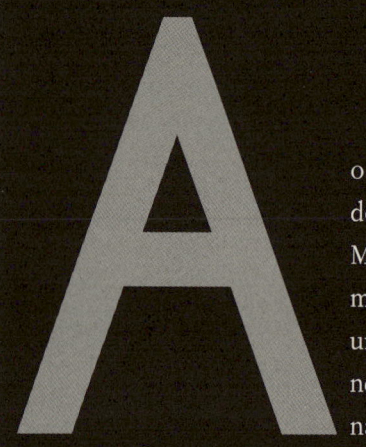

Ao longo de doze dias, precisamente de 25 de junho a 6 de julho de 1951, Ludwig von Mises (1881-1973), economista austríaco mundialmente conhecido, ministrou uma série de palestras na sede da Foundation for Economic Education (FEE) na cidade de Irvington-on-Hudson, em Nova York, nos Estados Unidos. Bettina Bien Greaves, membro sênior da FEE na época, taquigrafou as palestras palavra por palavra e as transcreveu em um manuscrito único que permaneceu inédito até hoje.

A FEE se orgulha de finalmente disponibilizar estas palestras para a nova geração. Mises tinha quase setenta anos de idade quando pronunciou as palavras contidas neste livro. No entanto, suas palavras revelam uma vitalidade mental com clareza juvenil ao descrever sua visão do livre mercado e sua análise crítica dos inimigos da liberdade.

Introdução

Richard M. Ebeling

I - Ludwig von Mises: Sua Vida e Suas Contribuições

Durante as décadas que antecederam estas palestras de Mises na FEE, o economista se firmou como uma das vozes mais proeminentes da liberdade no mundo ocidental[1].

Ludwig von Mises nasceu em 29 de setembro de 1881, em Lemberg, capital da província de Galícia, no antigo Império

---

[1] Mais informações sobre a vida e contribuições de Mises para a economia e a filosofia da liberdade, ver: EBELING, Richard M. "A Rational Economist in an Irrational Age: Ludwig von Mises". *In*: *Austrian Economics and the Political Economy of Freedom*. Northampton: Edward Elgar, 2003. p. 61-99; EBELING, Richard M. "Planning for Freedom: Ludwig von Mises as Political Economist and Policy Analyst". *In*: EBELING, Richard M. (Ed.). *Competition or Compulsion: The Market Economy versus the New Social Engineering*. Hillsdale: Hillsdale College Press, 2001. p. 1-85. Ver, também: ROTHBARD, Murray N. *Ludwig von Mises: Scholar, Creator, Hero*. Auburn: Ludwig von Mises Institute, 1988; KIRZNER, Israel M. *Ludwig von Mises*. Wilmington: ISI Books, 2001.

Austro-Húngaro (agora Lvov, no oeste da Ucrânia). Ele obteve seu Doutorado em Jurisprudência na Universidade de Viena em 1906, com Especialização em Economia. Após trabalhar um breve período como assistente jurídico, foi contratado em 1909 pela Câmara de Comércio, Artes e Indústria de Viena, onde, em poucos anos, foi promovido a um dos analistas econômicos seniores.

Ludwig von Mises foi logo reconhecido como uma das mentes mais aguçadas e inquiridoras da Áustria. Em 1912, publicou a *Theorie des Geldes und der Umlaufsmittel*[2] [*A Teoria da Moeda e dos Meios Fiduciários*], livro que foi rapidamente avaliado como um trabalho altamente significativo sobre a teoria e a política monetária. Nesse livro ele apresentou o que foi posteriormente denominado "Teoria Austríaca dos Ciclos Econômicos" (TACE). Mises argumentava que eventos como inflação e depressão econômica não eram considerados inerentes a uma economia de livre mercado, mas eram causados por má gestão do governo dos sistemas monetário e bancário[3].

Seu trabalho acadêmico foi interrompido, entretanto, em 1914, com o advento da Primeira Guerra Mundial. Na maior parte dos quatro anos seguintes, Mises serviu como oficial do

---

[2] A segunda edição em alemão, de 1924, serviu como base para uma nova edição inglesa, lançada em 1934, e disponível, atualmente, na seguinte forma: MISES, Ludwig von. *Theory of Money and Credit*. Pref. Murray N. Rothbard; intr. Lionel Robbins; trad. Harold E. Batson. Indianapolis: Liberty Fund, 1981. (N. E.)

[3] Ver, também: MISES, Ludwig von. *Monetary Stabilization and Cyclical Policy* [1928]. *In*: KIRZNER, Israel M. (Ed.). *Austrian Economics: A Sampling in the History of a Tradition – Volume 3: The Age of Mises and Hayek*. London: William Pickering, 1994. p. 33-111.

exército austríaco no *front* oriental contra o exército russo. Foi condecorado três vezes por bravura. Depois que Lenin e os bolcheviques assinaram tratados de paz separados com o Império Alemão e com o Império Austro-Húngaro em março de 1918, o que levou a Rússia a se retirar da guerra, Mises foi nomeado oficial responsável pelo controle monetário da parte da Ucrânia ocupada pelo exército austríaco sob os termos de um tratado de paz, com sede na cidade portuária de Odessa, no Mar Negro. Durante os vários meses que antecederam o final da guerra, antes do armistício de 11 de novembro de 1918, Mises serviu ao Alto-Comando Austríaco em Viena como analista econômico.

Depois que deixou o exército, no final de 1918, Mises retomou suas funções na Câmara de Comércio, Artes e Indústria de Viena, assumindo até 1920 a responsabilidade adicional de uma filial da Comissão de Reparações da Liga das Nações para a liquidação de dívidas pré-guerra.

Nos anos que sucederam a guerra, a Áustria mergulhou em um estado de caos. O fim do antigo Império Austro-Húngaro resultou em uma nova e bem menor República da Áustria. A hiperinflação e barreiras comerciais agressivas impostas por países vizinhos logo levaram a maior parte da população austríaca à beira da fome. Além disso, ocorreram várias tentativas violentas de estabelecer um regime revolucionário socialista na Áustria, assim como guerras de fronteiras com a Tchecoslováquia, Hungria e Iugoslávia.

Com o prestígio de seu cargo na Câmara de Comércio, Artes e Indústria de Viena, Mises lutou dia e noite para combater a destruição coletivista de sua terra natal. Conseguiu pôr um fim à ampla nacionalização da indústria austríaca imposta pelo governo em 1918-1919 e derrotar a hiperinflação em 1922, tornando-se a voz condutora da reorganização do Banco Nacional Austríaco com o resgate do padrão-ouro, sob supervisão da Liga das Nações. Mises promoveu vigorosamente a drástica redução do imposto de renda e da carga tributária das empresas, que estrangulavam todas as atividades do setor privado, e combateu a intervenção governamental sobre o câmbio exterior, que arruinava o comércio da Áustria com o restante do mundo[4].

Durante a década de 1920 e o início dos anos 1930, ainda em sua Áustria nativa, Mises foi um defensor incansável dos ideais da liberdade individual, da atuação limitada do governo e do livre mercado. Além de seu trabalho na Câmara de Comércio, Artes e Indústria, ele lecionava um seminário semestral na Universidade de Viena sobre vários aspectos da teoria e política econômica, atraindo assim muitos dos mais brilhantes estudantes austríacos como também de outros países da Europa e dos Estados Unidos. Ele também

---

[4] Para mais informações sobre o trabalho de Mises como analista de políticas econômicas e defensor do livre mercado na Áustria nos anos entre as duas guerras mundiais, ver: EBELING, Richard M. "The Economist as the Historian of Decline: Ludwig von Mises and Austria Between the Two World Wars". *In*: EBELING, Richard M. (Ed.). *Globalization: Will Freedom or World Government Dominate the International Marketplace?* Hillsdale: Hillsdale College Press, 2002. p. 1-68. Muitos dos artigos e ensaios sobre políticas escritos por Mises durante esse período estão agora disponíveis. Ver, também: EBELING, Richard M. (Ed.). *Selected Writings of Ludwig von Mises – Volume 2: Between the Two World Wars: Monetary Disorder, Interventionism, Socialism and the Great Depression.* Indianapolis: Liberty Fund, 2002.

conduziu em seu escritório na Câmara um "seminário particular" duas vezes ao mês, entre os meses de outubro e junho de 1920 a 1934, do qual participaram vários expoentes de Viena nas áreas de economia, ciência política, história, filosofia e sociologia.

Mises também fundou, em 1926, o Instituto Austríaco para Pesquisa do Ciclo Econômico, atuando como vice-presidente e tendo o jovem Friedrich August von Hayek (1899-1992) como primeiro diretor.

Sua proeminência internacional como expoente maior do liberalismo clássico continuou a crescer durante esse período, também impulsionada por sua série de livros que desafiavam a emergência do socialismo e do estado intervencionista. Em 1919, Mises publicou *Nation, Staat, und Wirschaft*[5] [*Nação, Estado e Economia*], no qual discutiu as causas da Primeira Guerra Mundial inseridas nos ideais nacionalistas, imperialistas e socialistas das décadas anteriores. No entanto, um artigo de 1920 – *Die Wirtschaftsrechnung im sozialistischen Gemeinwesen*[6] [*O Cálculo Econômico em uma Comunidade Socialista*] – e seu livro de 1922 – *Die Gemeinwirtschaft: Untersuchungen über den Sozialismus*[7] [*A Economia Coletiva: Estudos sobre o*

---

[5] Sem tradução para o português até o momento, a obra se encontra disponível em inglês na seguinte edição: MISES, Ludwig von. *Nation, State, and Economy: Contributions to the Politics and History of Our Time*. Ed. Bettina Bien Greaves; trad. Leland B. Yeager. Indianapolis: Liberty Fund, 2006. (N. E.)

[6] Em língua portuguesa o texto está disponível na seguinte edição: MISES, Ludwig von. *O Cálculo Econômico em uma Comunidade Socialista*. Apres. Gary North; prefs. Fabio Barbieri & Yuri N. Maltsev; intr. Jacek Kochanowicz; posf. Joseph T. Salerno; trad. Leandro Roque. São Paulo: LVM Editora, 2017. (N. E.)

[7] Traduzido para o inglês em 1936, o livro se encontra disponível atualmente

Socialismo] – foram os responsáveis por firmar sua reputação como líder da oposição ao coletivismo no século XX. Mises demonstrou que a nacionalização dos meios de produção e a decorrente abolição da moeda, da competição de mercado e do sistema de precificação impostos pelo socialismo resultariam em caos econômico ao invés de prosperidade social. Além disso, que o controle tirânico do governo socialista sobre todos os aspectos da vida tornavam esse regime inerentemente inviável como sistema econômico.

Assim, em 1927, Mises defendeu todas as facetas da liberdade individual em seu livro *Liberalismus*[8] [*Liberalismo*], por ele entendido como liberalismo clássico e economia de mercado, empregando argumentação clara e persuasiva a favor da liberdade individual, propriedade privada, mercados livres e um governo com atuação limitada. Finalmente, em 1929, Mises publicou uma coletânea de ensaios intitulada *Kritik des Interventionismus: Untersuchungen zur Wirtschaftspolitik und Wirtschaftsideologie der Gegenwart*[9] [*Crítica ao Intervencionismo: Estudo sobre a Política Econômica e a Ideologia*

---

nesse idioma na seguinte edição: MISES, Ludwig von. *Socialism: An Economic and Sociological Analysis*. Pref. F. A. Hayek; trad. J. Kahane. Indianapolis: Liberty Fund, 1992. (N. E.)

[8] O livro se encontra em língua portuguesa na seguinte edição: MISES, Ludwig von. *Liberalismo: Segundo a Tradição Clássica*. Preâmbulo de Louis M. Spadaro; Prefs. Thomas Woods & Bettina Bien Greaves; trad. Haydn Coutinho Pimenta. São Paulo: Instituto Ludwig von Mises Brasil, 2ª Ed., 2010. (N. E.)

[9] MISES, Ludwig von. *Crítica ao Intervencionismo: Estudo sobre a Política Econômica e a Ideologia Atuais*. Apres. Richard M. Ebeling; pref. Adolfo Sachsida; intr. Hans F. Sennholz; posfs. Don Lavoie & Murray N. Rothbard; trad. Arlette Franco. São Paulo: LVM, 3ª ed., 2019.

Atuais], demonstrando que as regulamentações fragmentadas do governo sobre preços e produção inevitavelmente causariam distorções e desequilíbrios que ameaçariam o bom funcionamento de uma sociedade baseada em um mercado livre e competitivo. Ele também escreveu uma série de ensaios sobre a filosofia da ciência e a natureza do homem e da ordem social, publicados em 1933 sob o título *Grundprobleme der Nationalökonomie: Untersuchungen über Verfahren, Aufgaben und Inhalt der Wirtschafts und Gesellschaftslehre*[10] [*Problemas Básicos da Economia: Estudos sobre Processos, Tarefas e Conteúdos da Teoria Econômica e Social*].

Já nessa época Mises havia claramente compreendido que o nacional-socialismo de Adolf Hitler (1889-1945) acabaria por destruir a Alemanha. Em meados da década de 1920, ele já havia preconizado que um número excessivo de alemães nutria a esperança de um tirano reinar e planejar suas vidas[11]. Quando os nazistas assumiram o poder, em 1933, Mises compreendeu que o futuro de sua amada Áustria estava ameaçado e que ele, um liberal clássico e judeu, estaria

---

[10] A tradução inglesa, elaborada por um discípulo de Ludwig von Mises e lançada originalmente em 1960, com o título *Epistemological Problems of Economics* [*Problemas Epistemológicos da Economia*], se encontra atualmente disponível na seguinte edição: MISES, Ludwig von. *Epistemological Problems of Economics*. Ed. e pref. Bettina Bien Greaves; trad. George Reisman. Indianapolis: Liberty Fund, 2013.

[11] Em seu ensaio "Liberalismo Social" de 1926, reimpresso como capítulo 3 do livro *Crítica ao Intervencionismo*, Mises admoestava que, durante o período de confusão ideológica e instabilidade política que caracterizou a Alemanha na década de 1920: *"Alguns se refugiam no misticismo, outros depositam suas esperanças na vinda do 'homem forte' – o tirano que pensará por eles e cuidará deles".*

fadado à prisão e à morte. Assim, em 1934, aceitou o cargo de professor de relações econômicas internacionais no Instituto Universitário de Altos Estudos Internacionais em Genebra, Suíça, cargo que ocupou até emigrar para os Estados Unidos, no verão de 1940[12].

Durante os seis anos em que viveu na Suíça, Mises escreveu seu mais notável trabalho: *Nationalökonomie: Theorie des Handelns und Wirtschaftens* [*Economia: Teoria da Ação e da Atividade Econômica*], a edição em língua alemã, publicada em Genebra em 1940[13], da obra cuja versão revisada em língua inglesa apareceu em 1949 com o título *Human Action: A Treatise on Economics*[14] [*Ação Humana: Um Tratado sobre Economia*]. Em um volume de quase novecentas páginas, Mises resumiu as ideias e reflexões de toda a sua vida sobre questões da raça humana, da sociedade e do governo; sobre a natureza, o processo do mercado competitivo e a inviabilidade do planejamento socialista centralizador do Estado intervencionista; e sobre o papel primordial de um sistema monetário sólido para todas as atividades de mercado, alertando para os efeitos nocivos da manipulação do governo sobre a moeda e o crédito.

---

[12] Mais informações sobre o Graduate Institute of International Studies e seu fundador, William E. Rappard (1883-1958), em: EBELING, Richard M. "William E. Rappard: An International Man in an Age of Nationalism". *Ideas on Liberty*, January 2000, p. 33-41.

[13] MISES, Ludwig von. *Nationalokonomiei Theorie des Handelns und Wirtschaftens*. Munique: Philosophia Verlag, 1980.

[14] O tratado está disponível em português na seguinte edição: MISES, Ludwig von. *Ação Humana: Um Tratado de Economia*. Trad. Donald Stewart Jr. São Paulo: Instituto Ludwig von Mises Brasil, 3ª Ed., 2010. (N. E.)

No verão de 1940, enquanto o exército alemão ocupava a França, Mises e sua esposa, Margit, deixaram a neutra Suíça em direção ao sul da França e de lá atravessaram a Espanha em direção a Lisboa, Portugal, de onde pegaram um navio para os Estados Unidos. Já estabelecido em Nova York no início dessa década, Mises recebeu bolsas de pesquisa da Fundação Rockefeller que lhe permitiram conduzir diversos estudos sobre a reconstrução econômica e política do pós-guerra e, também, escrever vários livros[15]. Em 1945 foi nomeado professor visitante na Universidade de Nova York, cargo que ocupou até se aposentar, em 1969, aos 87 anos de idade.

Enquanto viveu nos Estados Unidos, Mises continuou sua prolífera carreira de escritor, publicando *Omnipotent Government*[16] [*Governo Onipotente*] e *Bureaucracy*[17] [*Burocracia*], ambos em 1944; *Planned Chaos*[18] [*Caos Planejado*], em 1947; *Planning for Freedom*[19] [*Planejando a Liberdade*], de 1952; *The*

---

[15] Vários ensaios escritos por Mises entre 1940-1944 estão incluídos em: EBELING, Richard M. (Ed.). *Selected Writings of Ludwig von Mises – Volume 3: The Political Economy of International Reform and Reconstruction.* Indianapolis: Liberty Fund, 2000.

[16] Atualmente a obra está disponível nessa edição: MISES, Ludwig von. *Omnipotent Government: The Rise of the Total State and Total War.* Ed. e pref. Bettina Bien Greaves. Indianapolis: Liberty Fund, 2011. (N. E.)

[17] O livro foi publicado em português na seguinte edição: MISES, Ludwig von. *Burocracia.* Ed. e pref. Bettina Bien Greaves; apres. Jacques Rueff; pref. Alex Catharino; posf. William P. Anderson; trad. Heloísa Gonçalves Barbosa. São Paulo: LVM, 2017. (N. E.)

[18] Em língua portuguesa o ensaio está disponível na seguinte edição: MISES, Ludwig von. *Caos Planejado: Intervencionismo, Socialismo, Fascismo e Nazismo.* Apres. Richard M. Ebeling; pref. Bruno Garschagen; posf. Ralph Raico; trad. Beatriz Caldas. São Paulo: LVM Editora, 2018. (N. E.)]

[19] MISES, Ludwig von. *Planning for Freedom.* Grove City: Libertarian Press, 1996.

Anti-capitalist Mentality[20] [*A Mentalidade Anticapitalista*], de 1956; *Theory and History*[21] [*Teoria e História*], de 1957; *The Ultimate Foundation of Economic Science*[22] [*Os Fundamentos Últimos da Ciência Econômica*], de 1962; e *The Historical Setting of the Austrian School of Economics*[23] [*O Contexto Histórico da Escola Austríaca de Economia*], em 1969. Escritos originariamente em 1940, suas memórias foram publicadas postumamente, em 1978, com o título *Notes and Recollections*[24] [*Notas e Recordações*] e, no ano de 1998, é lançado o livro *Interventionism: An Economic Analysis*[25] [*Intervencionismo: Uma*

---

[20] O livro está disponível em português como: MISES, Ludwig von. *A Mentalidade Anticapitalista*. Ed. e pref. Bettina Bien Greaves; apres. F. A. Hayek; pref. Francisco Razzo; posf. Israel M. Kirzner; trad. Carlos dos Santos Abreu. São Paulo: LVM Editora, 3ª ed., 2017. (N. E.)

[21] A obra foi lançada em português na seguinte edição: MISES, Ludwig von. *Teoria e História: Uma Interpretação da Evolução Social e Econômica*. Pref. Murray N. Rothbard; trad. Rafael de Sales Azevedo. São Paulo: Instituto Ludwig von Mises Brasil, 2014. (N. E.)

[22] Lançado em português como: MISES, Ludwig von. *Os Fundamentos Últimos da Ciência Econômica: Um Ensaio sobre o Método*. Ed. Bettina Bien Greaves; pref. Alberto Oliva; apres. Israel M. Kirzner; posf. Hans-Hermann Hoppe; trad. Márcia Xavier de Brito. São Paulo: LVM Editora, 2020. (N. E.)

[23] Disponível em português como: MISES, Ludwig von. *O Contexto Histórico da Escola Austríaca de Economia*. Pref. José Manuel Moreira; apres. Fritz Machlup; introd. Llewellyn H. Rockwell Jr.; posf. Joseph T. Salerno; trad. Isabel Regina Rocha de Sousa. São Paulo: LVM Editora, 2017. (N. E.)

[24] MISES, Ludwig von. *Notes and Recollections*. South Holland: Libertarian Press, 1978.

[25] Reeditado em português como: MISES, Ludwig von. *Intervencionismo: Uma Análise Econômica*. Ed. e intr. Bettina Bien Greaves; apres. Murray N. Rothbard; pref. Alexandre Borges; posf. Fabio Barbieri; trad. Donald Stewart Jr. São Paulo: LVM Editora, 3ª ed., 2018. (N. E.)

Análise Econômica]. Muitos de seus outros artigos e ensaios foram reunidos em duas antologias[26].

Ludwig von Mises também atraiu uma nova geração de jovens americanos devotados ao ideal de liberdade individual e econômica, que foram estimulados e apoiados por suas atividades intelectuais. Ele faleceu em 10 de outubro de 1973, aos 92 anos de idade.

II - LUDWIG VON MISES E A FEE

Um longo relacionamento se estabeleceu entre Ludwig von Mises e a Foundation for Economic Education (FEE). Leonard E. Read (1898-1983), fundador e primeiro presidente da FEE, conheceu Mises no início dos anos 1940 e relatou como isso ocorreu em um ensaio que escreveu em homenagem ao 90° aniversário de Mises:

> O professor Ludwig von Mises chegou aos Estados Unidos em 1940. Eu o conheci um ou dois anos depois, quando ele fez um discurso durante um almoço da Câmara de Comércio de Los Angeles, da qual eu era o Diretor-Geral. Naquela noite ele jantou em minha casa com os renomados economistas Dr. Benjamin M. Anderson e professor Thomas Nixon Carver, e com vários empresários, dentre os quais W. C. Mullendore – todos

---

[26] Ver: EBELING, Richard M. (Ed.). *Money, Method and the Market Process: Essays by Ludwig von Mises*. Norwell: Kluwer Academic Press, 1990; GREAVES, Bettina Bien (Ed.). *Economic Liberty and Interventionism: An Anthology of Articles and Essays by Ludwig von Mises*. Irvington-on-Hudson: Foundation for Economic Education, 1990.

mentes brilhantes no campo da economia política. O que eu não daria para ter gravado aquela discussão memorável!

A pergunta final foi lançada à meia-noite: "Professor Mises, concordo com o senhor que temos tempos sombrios pela frente. Suponhamos, então, que o senhor fosse o ditador dos Estados Unidos. O que o senhor faria?"

A resposta veio tão rápida como um raio: "Eu abdicaria!" Vemos aqui a renúncia como evidência da sabedoria – quando o homem sabe que não deve governar seus semelhantes e rejeita a mera conjectura de tal ideia.

Poucos dentre nós são sábios o suficiente para admitir quão pouco sabemos.

Raro é o indivíduo que sabe pesar seu conhecimento finito em face da verdade infinita, e cuja consciência de suas limitações o aconselha a jamais governar os outros. Tal pessoa renunciaria a qualquer cargo de liderança autoritária ao qual estivesse predestinado, e, caso acidentalmente se encontrasse em tal posição, abdicaria – imediatamente!

O professor Mises sabe que não está ou estaria acima de seus semelhantes; e, assim, abdica da mera ideia de tal domínio sobre eles. Saber renunciar a determinada fase da vida é uma das manifestações da sabedoria[27].

Desde a fundação da FEE, em 1946, Ludwig von Mises ocupou os cargos de conselheiro sênior, palestrante, escritor

---

[27] READ, Leonard E. "To Abdicate or Not". *In*: HARPER, F. A. (Ed.). *Toward Liberty: Essays in Honor of Ludwig von Mises on the Occasion of His 90th Birthday*. Menlo Park, Calif.: Institute for Humane Studies, 1971. Vol. 2, p. 299-301.

e membro do *staff*. Foi a influência de Mises e do economista defensor do livre mercado e jornalista Henry Hazlitt (1894-1993), um dos administradores fiduciários originais da FEE, que conferiu à instituição sua visão peculiar de análise econômica do livre mercado e coletivismo baseada na Escola Austríaca[28].

Foi também o apoio de Leonard Read e de alguns outros amigos de Ludwig von Mises que viabilizou os recursos para garantir seu cargo de professor na New York University (NYU) até se aposentar, em 1969, e permitiu que Read o trouxesse para o *staff* da FEE pelo resto de sua vida.

A esposa do economista austríaco, Margit von Mises (1890-1993), descreveu o quanto ele apreciava a FEE e a oportunidade de ministrar palestras na instituição:

> Em outubro de 1946, Lu se tornou um membro regular do *staff* da FEE, e nos anos seguintes prometeu ministrar uma série de palestras em Irvington todos os anos, pois o ambiente espiritual e intelectual de lá o encantava.
>
> ***
>
> Uma das tarefas rotineiras da Fundação era promover seminários para professores, jornalistas e estudantes. Lu gostava de ministrar os seminários, pois os participantes eram cuidadosamente avaliados quanto à sua formação educacional e seus interesses, e adoravam ouvi-lo. Era interessante observar quantas mulheres participavam desses seminários.

---

[28] SENNHOLZ, Mary. *Leonard E. Read: Philosopher of Liberty*. Irvington-on-Hudson: Foundation for Economic Education, 1993. p. 140.

Antes de começar seu dia, Lu sempre falava com todos. Primeiro com Read; depois, com Edmund Opitz, de quem gostava muito; a seguir, com W. Marshall Curtiss e Paul Poirot. Paul geralmente gostava de trocar ideias sobre algum artigo que estava para publicar na revista mensal da FEE, *The Freeman*. Finalmente, Lu ia à sala de Bettina Bien, que geralmente tinha uma pilha de livros para Lu autografar ou cartas datilografadas em seu escritório, prontas para ele assinar. A caminho do auditório – todas essas salas, com exceção da do Dr. Opitz, ficavam no segundo andar –, ele sempre tinha uma palavra simpática para cada um dos funcionários.

Suas palestras eram escolhidas especialmente para o público de Irvington. Ele conseguia avaliar os participantes logo ao formular uma ou duas perguntas... Embora o conteúdo de suas palestras em Irvington fosse menos denso, a forma de ministrá-las era a mesma que empregava na Universidade de Nova York. Sempre havia grande interesse e demanda pelos livros de Lu, dos quais Leonard Read mantinha impressões constantes prontas para distribuição[29].

A última palestra pública de Mises foi ministrada na FEE em 26 de março de 1971. Como a própria Margit explicou: *"Ele adorava dar palestras em Irvington, e continuou a fazê-lo enquanto conseguiu"*[30].

---

[29] MISES, Margit von. *My Years with Ludwig von Mises*. Cedar Falls: Center for Futures Education, 2nd ed., 1984. p. 94-95.

[30] Idem. *Ibidem.*, p. 177-78.

Quando Mises faleceu, Leonard Read homenageou-o com um breve elogio durante o funeral, em 16 de outubro de 1973. Parte do que ele disse foi:

> O mais alto tributo que a humanidade pode oferecer a quem mais deseja homenagear é chamá-lo de Professor. Aquele que profere uma ideia que auxilia outros homens a compreenderem a si próprios e ao universo coloca a humanidade para sempre em dívida para com ele. Ludwig von Mises é um verdadeiro – e eu uso o verbo no presente – Professor. Mais de duas gerações estudaram com ele e milhares de outras pessoas aprenderam com seus livros. Livros e alunos são os monumentos duradouros de um Professor, e esses monumentos lhe pertencem... Aprendemos muito mais que economia com Ludwig Mises. Aprendemos um exemplo de dedicação acadêmica, um verdadeiro gigante de erudição, perseverança e dedicação. Sem dúvida, um dos maiores Professores de todos os tempos!
>
> Assim sendo, todos nós o saudamos, Ludwig Mises, agora que você parte desta vida mortal e se junta aos imortais[31].

III - As Palestras na FEE em 1951

Para os que já conhecem alguns dos trabalhos de Mises, as palestras que ele ministrou na FEE em 1951 apresentam

---

[31] READ, Leonard E. *Castles in the Air*. Irvington-on-Hudson: Foundation for Economic Education, 1975. p. 150-51.

um estilo um pouco diferente do que ele emprega em suas análises. Aqui está Mises, o Professor. Seu estilo, capturado pela taquigrafia detalhada de Bettina Bien Greaves, é mais coloquial e marcado por exemplos e referências históricas. O leitor sentirá um pouco do Mises "em pessoa", na sala de aula, e não meramente o teórico do Olimpo em seu mais alto tom.

Um dos alunos de Mises na Universidade de Nova York disse, certa vez, que "cada palestra era como um alongamento para a mente". Outro aluno declarou: "Nunca conheci alguém tão erudito como o Dr. Mises. Ele tinha um conhecimento extraordinário em todos os campos do saber". Ao discutir economia, ele trazia exemplos da História para ilustrar seus conceitos[32]. Suas palestras na FEE em 1951 nos levam a provar essa faceta de Mises como um professor acadêmico.

Para leitores que pouco conhecem dos trabalhos de Mises, estas palestras oferecem um excelente ponto de partida, pois podem ser vistas como uma versão sintetizada dos temas formulados por Mises ao longo de sua vida, um resumo dos diversos temas fundamentais da *Ação Humana*. Ele explica que a natureza do homem, como ator intencional, confere significado a suas ações no contexto dos fins almejados e dos meios para atingir seus objetivos. É a intencionalidade do homem que torna as ciências humanas diametralmente diversas do conteúdo das ciências naturais. Essa característica permite a Mises demonstrar por que a teoria do materialismo dialético de Karl Marx (1818-1883) e o determinismo histórico são fundamentalmente mito e fantasia.

---

[32] Idem. *Ibidem.*, p. 132.

Mises nos mostra os meandros do processo do mercado pelos quais a liberdade econômica fornece os incentivos e a liberdade pessoal para os indivíduos trabalharem, economizarem e investirem. Ele explica como a demanda do consumidor por bens e serviços oferece o estímulo e oportunidades de lucro a empreendedores para moldarem e direcionarem a produção de forma criativa a serviço dos desejos do público consumidor.

Ele também demonstra que o processo do mercado depende de, e seria impossível sem, um meio de troca – a moeda –, por meio do qual a ampla gama de bens e recursos se reduziria a um denominador comum – a precificação. O cálculo econômico, sob a forma de preços de mercado, fornece o método pelo qual empresários conseguem estimar lucros potenciais e possíveis perdas a partir de linhas alternativas e métodos de produção. Nesse processo, o desperdício e o uso inadequado dos recursos escassos são mínimos, permitindo que muitos dos bens e serviços mais apreciados pelos consumidores sejam introduzidos no mercado. Com esse processo, Mises explica por que um planejamento socialista centralizado significa o fim de toda a racionalidade econômica.

Como o regime socialista prega a abolição de mercados e preços, os principais planejadores não têm a menor condição de aplicar de forma eficiente os recursos, o capital e o trabalho que controlam. Ou seja, o socialismo na prática significa o caos planejado.

Ao mesmo tempo, Mises nos mostra por que a ineficiente gestão do sistema monetário e bancário por parte do governo gera inflação e depressão econômica. Ao enviar sinais distorcidos ao mercado sobre os preços – incluindo as taxas de juros –, a inflação gerada pelo governo resulta em desvio dos recursos e do trabalho, além de investimentos inadequados do capital, levando, ao final, a uma depressão.

Estas palestras mostram ao leitor por que Ludwig von Mises foi um dos mais eficazes proponentes da liberdade individual e da livre empresa no século XX, e por que suas contribuições permanecerão um dos mais importantes legados para a causa da liberdade nas décadas vindouras.

O LIVRE MERCADO
E SEUS INIMIGOS
PSEUDOCIÊNCIA, SOCIALISMO E INFLAÇÃO

Palestra

1

Entre os grandes livros escritos pelo homem se encontram os trabalhos imortais do filósofo grego Platão (427-347 a.C.). *A República* e *As Leis*, escritos entre 2.300 e 2.400 anos atrás, não abordavam somente a filosofia, a teoria do conhecimento e a epistemologia, mas também as condições sociais. A abordagem dessas questões filosóficas e sociológicas, problemas de Estado, governo etc., permanece a mesma há mais de 2.000 anos.

Mesmo sendo uma abordagem bastante conhecida, uma nova perspectiva da filosofia social, da ciência, economia e praxiologia se desenvolveu nos últimos cem anos. Platão defendia que um líder é evocado pela "Providência" ou por sua eminência para reorganizar e construir o mundo da mesma forma que um construtor ergue uma edificação – sem se preocupar com os desejos de seus semelhantes. A

A Economia e Seus Opositores

filosofia de Platão considerava a maioria dos homens "ferramentas" e "pedras" a serem usadas na construção de uma nova entidade social pelo "super-homem" no controle. A cooperação dos "sujeitos" é crítica para o sucesso do planejamento, e a única condição é o ditador deter o requisito do poder para exercer sobre os "sujeitos". Platão se designa a tarefa específica de conselheiro do ditador, um especialista, o "engenheiro social" que reconstrói o mundo segundo seu plano. Uma analogia com os dias de hoje seria um professor universitário que trabalha no gabinete do presidente.

A abordagem de Platão permaneceu inalterada por quase 2.000 anos. Todos os livros dessa era foram escritos a partir dessa perspectiva, estando cada autor convencido de que os homens eram meros peões no tabuleiro de príncipes, da polícia e de outros poderes. Nada era proibido, contanto que o poder do governo permanecesse intocado. O poder era considerado o maior ativo do governo.

Uma medida do sucesso dessa filosofia nos é fornecida pela leitura das aventuras de *Telêmaco*, escritas por François de Salignac de La Mothe Fénelon (1651-1715), conhecido como "o Cisne de Cambrai". O bispo Fénelon, contemporâneo de Luís XIV (1638-1715), foi um eminente filósofo, crítico do governo e tutor do Duque de Borgonha, o príncipe Luís de Bourbon (1661-1711), herdeiro do trono francês. *Telêmaco*, escrito com o propósito de auxiliar na educação do jovem duque, foi lido em escolas francesas até pouco tempo atrás. O livro descreve viagens pelo mundo, e, em cada país visitado, a polícia recebe o crédito por tudo de bom que acontece e o governo, o crédito por tudo o que tem valor. Essa estratégia é conhecida como a "ciência da polícia" – ou, em alemão, *Polizeiwissenschaft*.

No século XVIII, surgiu uma nova descoberta: a descoberta da abordagem dos problemas sociais, desenvolvida a partir do conceito de que a sequência regular de ocorrência dos problemas sociais é semelhante à sequência de ocorrência dos fenômenos naturais. Decretos legais e sua aplicação não teriam o poder, sozinhos, de resolver todo o mal. A sequência regular de concatenação dos fenômenos sociais deve ser estudada para descobrirmos o que pode e deve ser feito. Embora a regularidade tenha sido reconhecida para as ciências naturais, a existência de sequências regulares também para os problemas sociais jamais havia sido reconhecida.

As condições utópicas do estado natural, conforme descritas por Jean-Jacques Rousseau (1712-1778), são transformadas, argumenta-se, por homens "perversos" e por suas perversas instituições sociais para gerar a miséria e o infortúnio. Acreditava-se que o homem mais feliz – vivendo sob as condições mais satisfatórias – era o índio norte-americano. Indígenas norte-americanos foram idealizados na literatura europeia daquela época, pois eram considerados felizes por não terem contato com a civilização moderna.

Então, surgiu Thomas Robert Malthus (1766-1834), com a descoberta de que a natureza não pode prover os meios de existência para todos. Malthus salientou que o que prevalece, para toda a humanidade, é a escassez de requisitos para a subsistência, pois todos os homens competem entre si pelos meios de sobrevivência e por um quinhão da riqueza do mundo. O objetivo proposto, assim, foi o homem eliminar a escassez e permitir que mais pessoas sobrevivam.

A competição leva à divisão do trabalho e ao desenvolvimento da cooperação. A descoberta de que a divisão do trabalho é mais produtiva do que o trabalho isolado foi o fortuito acidente que tornou possível a cooperação social, instituições sociais e a civilização.

O consumo imediato de toda a produção inviabiliza qualquer melhoria nas condições de vida. Uma melhoria somente se torna possível quando uma parte da produção é guardada para ser posteriormente usada em mais produção – ou seja, somente quando o capital é acumulado. *Poupar é importante!*

Sob a ótica de reformadores como Platão, o "corpo político" não poderia agir sem a interferência da cúpula. A intervenção do "rei", do governo e da polícia era necessária para gerar ações e resultados. Devemos lembrar que essa também era a teoria de Fénelon ao descrever ruas, fábricas e todo o progresso alcançado graças à polícia.

No século XVIII, descobriu-se que mesmo sem a polícia, mesmo se ninguém desse qualquer ordem, as pessoas agiriam naturalmente de forma que os frutos da produção apareceriam. Adam Smith (1723-1790) citou o sapateiro que fabrica sapatos não levado por uma motivação altruísta, mas guiado por interesses próprios. Sapateiros produzem sapatos porque almejam os produtos de outros que podem obter em troca de seus sapatos. Cada homem, servindo a seus próprios interesses, necessariamente servirá aos interesses dos outros. O "rei" não precisa dar ordens, pois a ação é gerada por ações autônomas de pessoas que atuam no mercado.

As descobertas do século XVIII no tocante aos problemas sociais estavam íntima e inexoravelmente ligadas às mudanças políticas da época – a substituição do governo autocrata por um governo representativo, do protecionismo pelo livre comércio, da belicosidade pelo movimento em favor da paz internacional, a abolição da servidão e da escravidão etc. A nova filosofia política também substituiu o monarquismo e o absolutismo pela liberdade. Houve ainda mudanças na vida industrial e social que alteraram a visão de mundo em um período muito curto de tempo. Essa transformação é comumente denominada Revolução Industrial. Tal revolução resultou em profundas mudanças na estrutura global do mundo – populações se multiplicaram, aumentou a expectativa de vida e o padrão de vida melhorou.

Falando mais especificamente da população, hoje ela é quatro vezes maior [1951] do que há 250 anos. Se não contarmos a Ásia e a África, a taxa de crescimento é ainda mais alarmante. Grã-Bretanha, Alemanha e Itália, três países completamente estabelecidos e onde cada pedaço de terra já era usado em 1800, encontraram um modo de sustentar mais 107 milhões de pessoas em 1925. (Fato ainda mais notável quando comparado aos Estados Unidos, cuja área é muitas vezes maior que a desses três países, mas cuja população aumentou somente em 109 milhões no mesmo período.) Ao mesmo tempo, o padrão de vida melhorou em consequência da Revolução Industrial pela introdução da produção em massa.

Naturalmente, ainda há condições e situações insatisfatórias que poderiam ser melhoradas. A resposta da nova filosofia foi: *só há uma forma de melhorar o padrão de vida da população – aumentando o acúmulo de capital à medida que a população aumenta, e aumentando o montante de capital investido per capita.*

Apesar de essa nova doutrina econômica ser verdadeira, ela não era popular entre determinados grupos – monarcas, déspotas e nobres –, pois ameaçava seus interesses instituídos. Nos séculos XIX e XX, esses opositores do século XVIII desenvolveram inúmeras objeções, objeções epistemológicas que atacavam os fundamentos básicos da nova filosofia e impunham muitos e sérios problemas. Seu ataque tinha certa base filosófica, direcionada aos fundamentos epistemológicos da nova ciência, e a maior parte de suas objeções era motivada por polarizações políticas. Não era, dessa forma, proposto pelos que buscavam a verdade. No entanto, isso não altera o fato de que devemos avaliar seriamente as objeções às várias verdades do século XVIII – filosofia e economia sólida – sem nos referirmos às motivações dos que as propuseram, pois algumas objeções eram bem fundamentadas.

Nos últimos cem anos, a oposição à economia sólida tem aumentado. Essa é uma questão muito séria, já que as objeções foram levantadas como argumentos contra toda a civilização burguesa e não podem ser simplesmente classificadas como "ridículas" e ignoradas. As objeções devem ser analisadas e avaliadas criticamente. No tocante aos problemas políticos, algumas pessoas que apoiavam a economia sólida assim o faziam para justificar ou defender a civilização burguesa. Mas tais defensores não conheciam toda a história e limitavam sua luta a um reduzido território, semelhante à situação atual na Coreia, onde um exército é proibido de atacar os redutos do outro[1]. Na guerra intelectual, a mesma situação ocorre. Os defensores de uma ideia não atacam os fundamentos básicos de seus adversários. No entanto, não devemos nos contentar em lidar somente com os aspectos externos de uma doutrina, e sim combater a base filosófica de um problema.

A distinção entre "esquerda" e "direita" na política em nada nos ajuda, por ser inadequada desde sua concepção e ter causado inúmeros equívocos. No entanto, mesmo objeções à filosofia básica são classificadas a partir dessa posição.

---

[1] Após a tomada de Pyongyang, reduto do exército norte-coreano, ficou claro que os exércitos da China comunista estavam se preparando para atacar ao norte do Rio Yalu, fronteira entre a Coreia do Norte e a Manchúria, controlada pelo governo comunista. Entretanto, devido à exigência do general Douglas MacArthur (1880-1964) de evitar um ataque a todo custo, os aviões norte-americanos não estavam autorizados a bombardear as pontes do Rio Yalu. E o exército vermelho chinês chegou a receber um refúgio de cinco milhas ao sul do Yalu onde podiam se agrupar.

Auguste Comte (1798-1857) foi um dos mais influentes filósofos do século XIX, e provavelmente um dos homens mais influentes nos últimos cem anos. Pessoalmente, creio que também era um lunático. Apesar de ter exposto ideias que nem eram próprias, devemos analisar seu trabalho por sua influência e, principalmente, por sua hostilidade à igreja cristã. Ele inventou sua própria igreja e feriados. Pregava a "real liberdade", mais liberdade, ele dizia, do que a oferecida pela burguesia. Segundo seus livros, ele não via qualquer utilidade na metafísica para a liberdade da ciência, da imprensa ou do pensamento. Essas questões foram muito importantes no passado, pois lhe deram a oportunidade de escrever seus livros. No entanto, no futuro não haveria necessidade de tal liberdade, pois seus livros já haviam sido escritos. Sendo assim, a polícia deveria reprimir essas liberdades.

Essa oposição à liberdade – atitude marxista – é típica dos que se posicionam como "esquerdistas" ou "progressistas". As pessoas se surpreendem ao saber que os assim chamados "liberais" não são a favor da liberdade. Georg Wilhelm Friedrich Hegel (1770-1831), famoso filósofo alemão, criou duas escolas – os hegelianos "de esquerda" e os hegelianos "de direita". Karl Marx (1818-1883) foi o mais importante hegeliano "de esquerda". Os nazistas se originaram dos hegelianos "de direita".

O problema é como estudar a filosofia básica. Um bom questionamento é: por que os marxistas se identificaram, até certo ponto, com a grande luta filosófica, enquanto o mesmo não ocorreu com os defensores da liberdade? A incapacidade dos defensores da liberdade de reconhecer a questão filosófica básica explica seu insucesso. Devemos, assim, primeiramente, compreender as bases dessa discordância para que as respostas venham à tona e possamos, a seguir, lidar com as objeções à filosofia da liberdade durante o século XVIII.

Palestra

2

Na língua inglesa, a palavra "ciência" geralmente se refere às ciências naturais. Há indubitavelmente diferenças fundamentais entre as ciências naturais e a ciência da ação humana – por vezes denominada ciência social ou história –, dentre as quais está a forma pela qual o conhecimento é adquirido.

Nas ciências naturais o conhecimento vem da experimentação; um fato é estabelecido pela experiência. Cientistas naturais, diferentemente dos que estudam a ação humana, encontram-se em posição tal que lhes permite controlar as mudanças, isolar os vários fatores envolvidos, como em um experimento de laboratório, e observar as mudanças quando um fator é alterado. A teoria da ciência natural deve agir em conformidade com a experimentação – e nunca contradizer um fato estabelecido. Para contradizê-lo, nova explicação se faz

Pseudociência e Visão Histórica

necessária. No campo da ação humana, nunca estamos em posição de controlar os experimentos. Jamais podemos falar de fatos no campo das ciências sociais no mesmo sentido em que nos referimos aos fatos nas ciências naturais. A experiência no campo da ação humana é complexa, já que é produzida pela interação entre vários fatores que influenciam as mudanças.

No campo da natureza, não temos conhecimento das causas finais, não sabemos os fins almejados por alguma "força" ou "poder". Algumas pessoas tentaram explicar o universo como se ele tivesse sido criado para atender aos desígnios do homem. Mas aqui se colocam algumas perguntas: qual o valor das moscas ou dos germes, por exemplo, para o homem? Nas ciências naturais tudo o que sabemos vem da experiência, do conhecimento de determinados fenômenos com base nos experimentos que a ciência da mecânica desenvolveu. No entanto, não sabemos exatamente o que é a eletricidade, não sabemos por que as coisas acontecem; não questionamos. E, se não questionamos, não obtemos uma resposta. Dizer que sabemos a resposta implica termos as ideias de "Deus". Afirmar que podemos encontrar a razão implica termos certas características semelhantes a "Deus".

A mente humana pode ir sempre além, a um patamar no qual o questionamento não traz qualquer informação adicional. Ao longo do tempo, desafiamos essa "fronteira" além, e mais além. Investigamos forças naturais além do que era tido como o conhecimento "total" ou "final" do homem. Mas o conhecimento humano *sempre* é detido em algum ponto que é aceito como o "final". O fisiologista francês Claude Bernard (1813-1878), em seu livro sobre ciência experimental, argumentou que a vida é um "conhecimento final" e que a biologia deve contentar-se em estabelecer o fato da existência de tal fenômeno denominado "vida", não podendo, no entanto, acrescentar qualquer nova informação sobre esse fenômeno.

A situação é diferente no campo da história ou da ação humana. Aqui podemos traçar o caminho de nosso conhecimento até algo anterior à ação, retrocedendo até a motivação da ação. As ações humanas implicam no fato de os homens definirem objetivos específicos. O "conhecimento final" no campo da ação humana é o ponto no qual um ou mais indivíduos agem, inspirados por ideias e julgamentos de valor bem definidos sobre os procedimentos a serem seguidos para atingir determinado fim. Esse "conhecimento final" constitui a *individualidade*.

Por sermos humanos, temos algum conhecimento sobre avaliações, doutrinas e teorias sobre os métodos empregados para atingir certos fins. Sabemos que há algum propósito dirigindo ações individuais; sabemos que cada pessoa empreende uma ação consciente. Sabemos que há um sentido, uma razão. Podemos afirmar que há julgamentos de valor, fins almejados e meios bem definidos para atingi-los. Por exemplo: alguém que repentinamente se depara com uma tribo primitiva, mesmo desconhecendo seu idioma, pode ainda assim interpretar, até certo ponto, as ações das pessoas a seu redor, seus objetivos e os meios que empregam para atingi-los. Utilizando a lógica, pode interpretar o uso de fogueiras e utensílios visando à preparação do jantar.

Lidar com julgamentos de valor e métodos não é uma característica exclusiva da ciência da ação humana. A lógica do cientista, o raciocínio, não é diferente da lógica que todos empregam na vida diária. As ferramentas são as mesmas, e os objetivos não são exclusividade dos cientistas sociais. Até mesmo uma criança chorando e gritando é guiada por uma motivação para conseguir o que quer. Empresários também agem motivados pelo que almejam. Eles entendem a ciência da ação humana e de como agir diariamente com seus semelhantes, especialmente para planejar o futuro.

Essa interpretação epistemológica da experiência da compreensão não constitui a invenção de um novo método, mas sim a descoberta do conhecimento que a humanidade tem usado desde o início dos tempos. O economista Philip H. Wicksteed (1844-1927), que publicou *O Senso Comum da Economia Política*, escolheu como sua motivação uma citação de Johann Wolfgang Goethe (1749-1832): *Einjeder lebt's, nicht vielcn ist's hekannt* ("Todos nós fazemos isso, mas poucos compreendemos o que estamos fazendo").

Segundo o filósofo francês Henri Bergson (1859-1941), a compreensão, a *inteligência simpática*, é a base das ciências históricas. O historiador colhe dados para auxiliar sua interpretação, assim como um policial busca fatos que lhe permitem tomar uma decisão em um tribunal. O historiador, o juiz, o empresário, todos começam seu trabalho coletando o maior número possível de informações.

Auguste Comte, que em nada contribuiu para o desenvolvimento das ciências naturais, descreveu o que acreditava ser a missão de todas as ciências: para podermos prever e agir, precisamos conhecer. As ciências naturais nos fornecem métodos específicos para isso. Com o auxílio dos vários ramos da física, química etc., a mecânica é capaz de projetar construções e máquinas e prever os resultados de seu funcionamento. Se uma ponte cair, reconheceremos que um erro foi cometido. Na ação humana, um erro específico pode ser reconhecido, e Comte considerava isso uma falha.

Auguste Comte considerava a história não científica e, consequentemente, sem valor. Acreditava em uma hierarquia das várias ciências, e que a investigação científica se inicia com a ciência mais simples, progredindo para a mais complicada; mas a ciência mais complicada ainda estava por ser desenvolvida. Comte considerava a história a matéria-prima a partir da qual um estudo mais complexo é desenvolvido. Esse novo estudo seria a ciência das leis, equivalente às leis da mecânica desenvolvidas por cientistas. Denominou essa nova ciência "sociologia". O novo termo atingiu enorme sucesso;

pessoas em todo o mundo agora estudam e escrevem sobre sociologia.

Comte tinha pleno conhecimento de que a ciência geral da ação humana – a ciência da economia, da economia política – havia sido desenvolvida ao longo dos cem anos anteriores. Ele não concordava com suas conclusões, mas não estava em posição de refutá-las ou de refutar as leis básicas das quais essas conclusões derivavam. Sendo assim, ele as ignorava. Essa hostilidade ou ignorância foi também demonstrada pelos sociólogos seguidores de Comte.

Comte imaginava o desenvolvimento de leis científicas e culpava a História por tratar apenas de momentos isolados, eventos ocorridos em um período histórico e ambiente geográfico específicos. A História não tratava das ações mais gerais dos homens, argumentava Comte, mas de feitos de indivíduos. No entanto, os sociólogos não fizeram o que Comte disse que fariam; não desenvolveram um conhecimento geral, mas sim o que o próprio Comte considerava sem valor – trataram de eventos individuais e não de generalidades. Por exemplo, um relatório sociológico foi publicado sobre "Lazer em Westchester". Os sociólogos também estudaram métodos de punição para a delinquência juvenil, formas de propriedade etc. Escreveram vasto material sobre os costumes de povos primitivos. É certo que essa literatura não aborda reis ou guerras, mas principalmente, o "homem comum". Ela não trata de leis científicas, mas sim de fatos históricos, com investigações históricas do que ocorreu em dado lugar em dada época. Tais estudos sociológicos têm seu valor, precisamente *porque* se trata de investigações históricas sobre vários aspectos da vida diária do homem que foram negligenciados por outros historiadores.

A proposição de Comte é inerentemente contraditória, *pois leis gerais não podem ser determinadas a partir do estudo e de observações da história*, pois sempre constituem fenômenos complexos e interligados de tal forma que é impossível determinar com inquestionável precisão as causas específicas para os resultados finais. Sendo assim, o método empregado por um historiador não tem nada em comum com os métodos empregados por um cientista natural.

A proposição de Auguste Comte para desenvolver leis específicas a partir do estudo da história nunca se concretizou. A assim denominada "sociologia" ou é história ou é psicologia. E por psicologia não me refiro às ciências naturais da percepção, mas sim à psicologia literária, descrita pelo filósofo George Santayana (1863-1952) como a ciência da compreensão dos fatos históricos, da evolução humana e dos problemas enfrentados.

Max Weber (1864-1920) se autodenominou um sociólogo, mas foi um grande historiador. Seu livro *Gesammelte Aufsdtze zur Religionssoziologie* ("Sociologia das Grandes Religiões") trata, na primeira parte, da *Ética Protestante e o Espírito do Capitalismo*, da origem do capitalismo, cujo desenvolvimento Weber atribuiu ao calvinismo – com uma redação bastante interessante. No entanto, é questionável se sua teoria pode ser amparada pela lógica.

Em um ensaio sobre "a cidade" – não traduzido para inglês[2] –, Weber tentou dar esse tratamento lógico às ideias gerais sobre o tema, mas sendo bastante explícito em um aspecto: sustentando que essa abordagem era mais válida do que a história sobre a cidade em um momento específico. Na verdade, a situação poderia ser bem contrária: talvez, quanto mais geral a informação histórica, menor o valor do material.

No tocante ao futuro, devemos formar opiniões específicas sobre a compreensão dos eventos futuros. O estadista, o empreendedor, e até certo ponto todos nós estamos na mesma posição, cada um lidando com condições de um futuro incerto que não podem ser previstas. O estadista, o político, o empreendedor, e assim por diante, são, por assim dizer, "historiadores do futuro".

Existem na natureza relações quantitativas constantes – pesos específicos, e assim por diante – que podem ser estabelecidas em um laboratório. Sendo assim, estamos em posição de mensurar e designar quantidades de magnitudes a vários objetos físicos. Com o progresso das ciências naturais, seu estudo se tornou cada vez mais quantitativo – visto o desenvolvimento da química quantitativa a partir da química qualitativa. Comte salienta que "Ciência é mensuração".

No campo da ação humana, no entanto, especialmente na economia, não existem esses relacionamentos constantes entre as magnitudes. Há opiniões contrárias, e mesmo hoje muitas pessoas não conseguem entender que explicações

---

[2] A primeira edição em inglês é: WEBER, Max. *The City*. Trad e ed. Don Martindale e Gertrud Neuwirth. Glencoe: Free Press, 1958.

quantitativas precisas aplicadas à economia são impossíveis. No campo da ação humana, podemos dar explicações somente mediante referências específicas a casos individuais.

Por exemplo, a Revolução Francesa. Os historiadores procuram explicações para os muitos fatores que interagiram e a causaram. Muitos fatos aconteceram, e os historiadores atribuem valores a cada fator – a situação financeira, a rainha, sua influência sobre o rei fraco etc. –, os quais podem ser vistos como causas. Usando ferramentas mentais, tentam compreender esses vários fatores e atribuir a cada um deles uma relevância específica. No entanto, não podem afirmar precisamente a contribuição específica de cada um deles.

Nas ciências naturais, estabelecer fatos experimentais não depende do julgamento individual, nem de idiossincrasias ou da individualidade de um cientista específico. Um julgamento no campo da ação humana tem matizes da personalidade de quem experimenta uma compreensão e oferece uma explicação. Não falo aqui de pessoas tendenciosas ou politicamente parciais, nem das que tentam falsificar os fatos. Refiro-me unicamente àqueles que são pessoalmente sinceros. Não me refiro a diferenças oriundas de desenvolvimentos em outras ciências que afetam os fatos históricos, ou a alterações no conhecimento que afetam as interpretações históricas. Também não me preocupo com diferenças que influenciam as pessoas e que resultam de perspectivas científicas, filosóficas ou teológicas. Trato somente de como dois historiadores, que concordam em todos os aspectos, podem, no entanto, manter opiniões diversas, por exemplo, sobre a relevância dos fatores que causaram a Revolução Francesa. A mesma unanimidade não será obtida no campo da ação humana ou no tocante ao peso atômico de dado metal. E, quanto a atos futuros de um empreendedor ou político, somente os eventos posteriores poderão provar se prognósticos baseados em suas avaliações estavam ou não corretos.

Duas funções são necessárias na compreensão: estabelecer os valores, julgamentos das pessoas, seus objetivos e metas; e estabelecer os métodos que empregam para atingir seus fins. A relevância dos vários fatores e como eles influenciam os resultados são unicamente questões de julgamento de valores. Na discussão sobre as Cruzadas, por exemplo, as principais causas podem parecer religiosas. Entretanto, outras causas são identificadas, como os benefícios para Veneza ao estabelecer sua supremacia comercial. É função dos historiadores decidir a relevância dos vários fatores envolvidos no curso dos eventos.

A escola histórica da economia visava aplicar à economia as mesmas regras gerais que Comte aplicava à sociologia. Algumas pessoas recomendaram substituir outros itens pela história – a ciência das leis derivadas da experiência, da mesma forma que a física adquire o conhecimento em laboratório. Defendeu-se também que o método histórico seria o único possível para tratar os problemas no campo da ação humana.

Ao final do século XVIII, alguns reformadores queriam revisar o sistema de leis vigente, ressaltando suas falhas e insucessos. Queriam que o governo substituísse esse sistema por um novo código de leis, e portanto recomendavam reformas em conformidade com a "lei natural". A ideia de que leis não podem ser escritas, pois se originam na natureza dos indivíduos, começou a ganhar corpo. Essa teoria foi personificada pelo britânico Edmund Burke (1729-1797), que apoiou as colônias e posteriormente se tornou um oponente radical à Revolução Francesa. Na Alemanha, o jurista prussiano Friedrich Karl von Savigny (1779-1861) foi um dos defensores dessa forma de pensar. Em relação à "alma" dessas pessoas, esse grupo de reacionários seguia a escola de Burke. Tal proposição foi praticada até certo ponto, por vezes com sucesso, em muitos países europeus – Prússia, França, Áustria e finalmente, em 1900, pelo *Reich* alemão. Com o tempo, a oposição ao desejo de novas leis aumentou, mas esses grupos foram os precursores do mundo de hoje.

A escola do método histórico prega que, se queremos estudar um problema, precisamos estudar a história, pois não existem leis gerais. A investigação histórica é o estudo de um problema como ele se apresenta. Precisamos, inicialmente, conhecer os fatos. Assim, para estudar o livre comércio ou o protecionismo, precisamos estudar a história de seu desenvolvimento. Essa abordagem se opõe à proposição de Comte.

Tal discussão não objetiva menosprezar a história. Dizer que a história não é teoria ou que a teoria não é história não menospreza nem a história nem a teoria. Devemos salientar a diferença. Ao estudar um problema, um historiador descobre tendências na história que já ocorreram no passado. Mas nada pode ser afirmado para o futuro.

Os homens têm características individuais e, por isso, são imprevisíveis. As leis matemáticas de probabilidade não nos esclarecem qualquer caso específico, assim como a psicologia de massa nada nos diz salvo que massas são compostas por indivíduos e não são homogêneas. Aprendemos com o estudo das massas e grandes aglomerados humanos que uma pequena mudança pode acarretar resultados importantes e abrangentes. Por exemplo, se alguém grita "Fogo!" em um ambiente cheio de pessoas, os resultados são diversos dos que podem ocorrer em um ambiente com poucas pessoas. Do mesmo modo, em um grande grupo de pessoas, o prestígio da polícia e a ameaça de um código e de tribunais penais têm menor poder. Mas, se não conseguirmos lidar com indivíduos, não conseguiremos lidar com as massas.

Se um historiador estabelecer a existência de uma tendência, isso não significa que a tendência seja boa ou má. Determinar uma tendência e avaliá-la são duas coisas distintas. Alguns historiadores propõem que o que está de acordo com as tendências de evolução pode ser considerado "bom" ou até mesmo "moral". Mas o fato de *existir* uma tendência evolucionária hoje nos Estados Unidos sobre um maior número de divórcios que no passado, ou o fato de uma tendência apontar um número maior de indivíduos alfabetizados, por exemplo, não torna essas tendências intrinsecamente "boas" simplesmente por serem evolucionárias.

Palestra

3

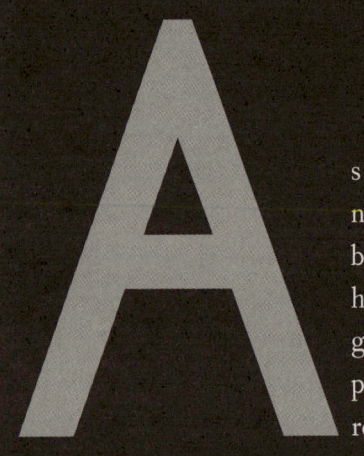

As pessoas geralmente creem que a economia só é importante para empresários, banqueiros e homens de negócios, e que há uma economia diferente para cada grupo ou segmento da sociedade ou país. Como a economia foi a ciência mais recentemente desenvolvida, não nos surpreendemos ao nos deparar com ideias errôneas sobre o significado e conteúdo desse ramo do conhecimento.

Levaríamos horas discutindo como equívocos comuns se desenvolveram, quais os escritores responsáveis por isso e qual a contribuição das condições políticas. Considero mais útil enumerar os equívocos e discutir as consequências de sua aceitação pelo público.

O primeiro equívoco é a crença de que a economia não discute como pessoas comuns vivem e agem, mas que criou como referência

O Homem-Agente e a Economia

um espectro, um fantasma que não tem congênere na vida real. O foco dessa crítica é o homem real ser diferente do espectro do "homem econômico".

Ultrapassado esse primeiro equívoco, deparamo-nos com um segundo equívoco – a crença de que a economia pressupõe que as pessoas são motivadas por uma única ambição e intenção – melhorar suas condições materiais e seu bem-estar. Os críticos dessa crença argumentam que nem todos os homens são tão egoístas.

Um terceiro equívoco é que a economia pressupõe que todos os homens sejam razoáveis, racionais, guiados somente pela razão, quando, na verdade, os críticos sustentam que as pessoas são guiadas для forças "irracionais".

Os três equívocos se baseiam em premissas totalmente falsas. A economia não pressupõe que o homem econômico seja diferente do homem comum, em sua vida diária. *A única suposição da economia é que há condições no mundo perante as quais o homem não pode se manter neutro e que deseja mudar a situação com uma ação intencional.* Enquanto o homem se mantém indiferente, neutro e acomodado, não toma nenhuma ação. Mas, quando ele distingue entre os estados de várias situações e vislumbra uma oportunidade para melhorar suas condições, sob seu ponto de vista, ele age.

A ação é a busca de melhores condições a partir dos julgamentos de valor de um determinado indivíduo. Isso não significa melhorias sob uma ótica metafísica ou sob a ótica de Deus. O objetivo do homem é substituir condições insatisfatórias por outras mais satisfatórias. E, ao satisfazer esse desejo, o homem se torna mais feliz do que era. O conteúdo da ação ou a razão movem o homem – seja ela egoísta ou altruísta.

Para eliminar o equívoco decorrente da distinção entre "racionalismo" e "irracionalismo", devemos compreender que a ação consciente é influenciada por alguma força ou poder que denominamos "razão". Qualquer ação visando a uma meta definida é "racional". A distinção popular entre "racional" e "irracional" carece de sentido. Exemplos de "irracionalismo" comumente citados são o patriotismo, a compra de um novo casaco ou de uma entrada de teatro quando haveria uma justificativa para outra ação mais sensata. A ciência teórica da ação humana pressupõe somente uma coisa – que há uma ação, um empenho consciente dos indivíduos visando eliminar o desconforto e substituir um estado menos satisfatório por outro mais satisfatório. Nenhum julgamento de valor é feito quanto à razão ou conteúdo da ação. Apesar de tratar dos resultados dos julgamentos de valor, a economia é e se mantém neutra.

Não há também qualquer sentido em tentar distinguir entre ações "econômicas" e "não econômicas". Algumas ações tratam da preservação dos sentidos ou necessidades vitais do homem – alimentos, abrigo e assim por diante. Outras ações resultam de motivações "superiores". Mas o valor designado a essas diversas metas varia de homem para homem, e também difere no mesmo homem de tempos em tempos. A economia trata meramente da ação; à história cabe descrever as diferenças entre as metas.

Nosso conhecimento das leis econômicas emerge da razão e não pode ser aprendido a partir da experiência histórica, pois a experiência histórica é sempre complexa e não pode ser analisada em um experimento de laboratório. *A fonte dos fatos econômicos é a razão própria do homem*, o que em epistemologia denominamos conhecimento *a priori* – o que sabemos de antemão; o conhecimento *a priori* é distinto do conhecimento *a posteriori* – que deriva da experiência.

No tocante ao conhecimento *a priori*, o filósofo inglês John Locke (1632-1704) desenvolveu a teoria segundo a qual a mente humana nasce com uma tábula rasa sobre a qual a experiência escreve. Ele argumentava que o conhecimento inerente não existia. Gottfried Wilhelm von Leibniz (1646-1716), filósofo e matemático alemão, levantou uma exceção para o caso do intelecto. Segundo Leibniz, a experiência não escreve sobre páginas em branco da mente humana; há nos homens um aparato mental que não existe na mente dos animais e que permite aos homens converter a experiência em conhecimento humano.

Não entrarei no argumento entre "racionalismo" e "empirismo", na distinção entre experiência e conhecimento, no que o filósofo e economista britânico John Stuart Mill (1806-1873) denominou "conhecimento apriorístico". No entanto, até mesmo Mill e os pragmáticos norte-americanos acreditavam que o conhecimento apriorístico resulta, de certa forma, da experiência.

A relação entre conhecimento econômico e teoria econômica, e história econômica e vida diária é a mesma entre lógica e matemática e nossa compreensão das ciências naturais. Podemos assim eliminar o antiegoísmo e aceitar o fato de que os ensinamentos da teoria econômica derivam da razão, assim como a lógica e a matemática. Não existe no campo da matemática nada parecido com a experimentação e a pesquisa em laboratório. Segundo um matemático, tudo de que um matemático precisa é um lápis, um papel e uma cesta de lixo – suas ferramentas são mentais.

Podemos, entretanto, indagar como é possível a matemática, ciência desenvolvida puramente a partir da mente humana e sem qualquer referência ao mundo e à realidade exterior, ser usada na compreensão do universo físico que existe e funciona fora de nossa mente. Respostas a essa pergunta foram oferecidas pelo matemático francês Henri Poincaré (1854-1912) e pelo físico Albert Einstein (1879-1955). Economistas podem fazer a mesma indagação sobre a economia – como pode algo desenvolvido exclusivamente a partir do nosso raciocínio, da nossa mente, enquanto estamos calmamente sentados, ser usado para a compreensão do que ocorre no mercado e no mundo?

As atividades de cada indivíduo – todas as suas ações – emanam da razão, a mesma fonte da qual provêm nossas teorias. As ações do homem no mercado, no governo, no trabalho, durante seu lazer, ao comprar e vender, todas são guiadas pela escolha entre o que prefere e o que não prefere. A razão é o método pelo qual se chega a uma solução (boa ou ruim). *Cada ação pode ser vista como uma troca no sentido de substituir um estado de coisas por outro.* Espera-se que o Homem-Agente substitua uma situação que não prefere por outra que prefira.

Os pontos de partida para as ciências naturais são os vários fatos estabelecidos pela experimentação, a partir dos quais as teorias são construídas em níveis mais e mais abstratos, mais e mais genéricos. As teorias finais são tão abstratas que se tornam praticamente inacessíveis à grande massa – o que não diminui seu valor. Serem acessíveis a alguns cientistas já é suficiente.

Na ciência *apriorística*, partimos de uma suposição geral – *uma ação empregada para substituir um estado de coisas por outro*. Essa teoria – desprovida de sentido para muitos – leva a outras ideias que se tornam cada vez mais compreensíveis e menos abstratas.

As ciências naturais evoluem do mais específico para o mais geral; a economia evolui no sentido oposto. As ciências naturais se encontram em posição de estabelecer relações de magnitude constantes. Mas, no campo da ação humana, tais relações constantes não prevalecem, e inexiste a possibilidade de mensuração. Os julgamentos de valor que levam o homem à ação, e, por sua vez, à atividade de mercado e precificação, não são mensurados; eles estabelecem distinções de níveis ou graduações. Não estabelecem "A é igual ou maior ou menor que B", mas sim "eu prefiro A a B". Não estabelecem julgamentos. Esse é um equívoco que perdura há 2.000 anos. Mesmo hoje em dia muitas pessoas, até mesmo filósofos eminentes, se equivocam completamente sobre tal conceito. É a partir do sistema de valores e preferências que o sistema de preços do mercado se constitui.

Aristóteles (384-322 a.C.) escreveu, entre vários outros temas, sobre os diversos atributos de homens e mulheres. Mas estava frequentemente errado. Se tivesse perguntado à sra. Aristóteles sobre as mulheres, teria identificado seus erros e pensado, provavelmente, de modo diverso. Ele também estava errado ao declarar que, se dois itens fossem trocados no mercado, eles deveriam ter algo em comum e seriam trocados porque eram de igual valor. No entanto, se fossem de igual valor, por que seria necessário trocá-los? Se você tem uma moeda de dez centavos e eu também tenho a mesma moeda, não a trocaríamos, por terem igual valor. Sendo assim, se há uma troca, deve haver algum grau de desigualdade nos itens comercializados, e não igualdade.

Karl Marx baseou sua teoria de valor nessa falácia. Ressalto o Capítulo XII de *Kapital und Kapitalzins* [*Capital e Juros*], de Eugen von Böhm-Bawerk (1851-1914), no volume I intitulado em inglês como *History and Critique of Interest Theories* [*História e Crítica da Teoria dos Juros*], que discute a

"Teoria da Exploração" marxista[3]. Bem depois de Karl Marx, o filósofo Henri Bergson (1859-1941), em seu admirado livro sobre as duas fontes de moral na religião, aceitou a mesma falácia – se dois itens fossem trocados no mercado, eles deveriam ter algo em comum e seriam trocados porque eram de igual valor. No entanto, itens de igual valor não são trocados; a troca ocorre quando há algum grau de *desigualdade*. Você se dá ao trabalho de ir ao mercado porque atribui mais valor a um filão de pão do que ao dinheiro que dá por ele. As pessoas efetuam trocas porque na ocasião preferem outros bens ao dinheiro que têm. Uma troca *nunca* ocorre com a intenção de perda. O Homem-Agente nunca é pessimista, pois sua ação é inspirada na ideia de que as condições podem ser melhoradas.

O objetivo da ação é substituir um estado de coisas não desejado por outro que melhor atende aos desejos do homem. O valor de qualquer mudança em uma situação é denominado "ganho" se for positivo e "perda" se for negativo. Esse valor é puramente psíquico, não pode ser mensurado. Pode-se somente dizer que é "maior" ou "menor". Torna-se mensurável somente quando bens são trocados no mercado por

---

[3] Lançada originalmente em alemão nos anos de 1884, 1889 e 1914, a trilogia está disponível em língua inglesa na seguinte edição: BÖHM-BAWERK, Eugen von. *Capital and Interest*. Trad. George D. Huncke e Hans F. Sennholz. South Holland: Libertarian Press, 1959. 3v. [Volume I: History and Critique of Interest Theories / Volume II: Positive Theory of Capital / Volume III: Further Essays on Capital and Interest]. Em língua portuguesa o capítulo aqui mencionado foi publicado na forma do seguinte livro: BÖHM-BAWERK, Eugen von. *A Teoria da Exploração do Socialismo Comunismo*. Pref. Hans F. Sennholz; trad. Lya Luft. São Paulo: Instituto Ludwig von Mises Brasil, 2ª ed., 2010. (N. E.)

dinheiro. No tocante estritamente à ação, não tem qualquer valor matemático.

Vocês podem argumentar que isso contradiz nossa experiência diária. Sim, pois nosso ambiente social permite cálculos à medida que empregamos um meio comum para a troca – o dinheiro. Quando produtos são trocados por dinheiro, podemos usar termos monetários para cálculos econômicos, mas somente mediante três condições:

1ª) Deve haver propriedade particular, não somente dos produtos, mas também dos meios de produção;
2ª) Deve haver divisão do trabalho, e, por conseguinte, a produção deve atender às necessidades de outros;
3ª) Deve haver uma troca indireta assentada sobre um denominador comum.

Em geral, se essas três condições forem atendidas, alguns valores matemáticos podem ser estabelecidos, apesar de serem imprecisos. As mensurações não são exatas porque tratam de algo que ocorreu no passado, em termos históricos. Demonstrativos financeiros podem parecer precisos, mas mesmo o valor monetário de um inventário lançado em "X" dólares é um valor especulativo de estimativas futuras. O valor atribuído a equipamentos e outros ativos também é especulativo. O problema real da inflação é que ela mascara esses cálculos e acarreta trágicas consequências.

Cálculos monetários não existem necessariamente em todos os tipos de organizações ou sociedades. Eles não existiam nos primórdios da ciência econômica. Os primeiros seres humanos agiam como sempre têm agido. Mas foram necessários milhares de anos de evolução da divisão do trabalho e um aparato financeiro para que cálculos se tornassem possíveis. Cálculos monetários se desenvolveram passo a passo na Idade Média, e no início, careciam de muitas das características que lhes atribuímos hoje como sendo necessárias (em um sistema socialista, essas condições não existiriam, e, assim, tais cálculos e mensurações seriam impossíveis).

A natureza quantitativa das ciências naturais permite que a mecânica planeje e construa pontes. Se soubermos o que precisa ser construído, a tecnologia apoiada no conhecimento das ciências naturais é suficiente. No entanto, algumas perguntas emergem: o que deve ser construído? O que precisa ser feito? Os tecnólogos não conseguem responder a essas perguntas.

As matérias-primas para produção são hoje escassas. Independentemente do que fizermos, sempre haverá outros projetos para os quais os fatores de produção necessários não poderão ser alocados. Sempre haverá outras demandas urgentes. Esse é o fator que empresários levam em conta para calcular perdas e ganhos. Quando um empresário rejeita um projeto por ter custos muito altos, isso significa que o público não está preparado para pagar o preço e a forma como as matérias-primas serão usadas. Tal uso é composto pelos fatores de produção disponíveis para a realização do maior número de projetos que satisfaça as necessidades mais urgentes sem desperdício dos fatores de produção, considerando as decisões de destinar tais fatores para um emprego menos urgente.

Para determinar o uso desses fatores é necessário comparar todos os seus custos. Suponhamos que seja necessário construir uma ferrovia entre duas cidades, "A" e "B". Há três possibilidades – transpor, passar por dentro ou em volta de uma montanha. Será necessário um denominador comum para calcular o valor comparativo, valor este que nos dará somente uma visão da situação monetária atual e não constituirá uma mensuração. Ou seja, uma avaliação sob a ótica das necessidades e situações de hoje. Mas amanhã as condições serão diversas. O sucesso ou fracasso de qualquer projeto de negócios depende de sua eficaz previsão de possibilidades futuras.

O problema em tentar desenvolver uma ciência quantitativa da economia é que muitas pessoas imaginam que os princípios econômicos teóricos devem seguir a evolução de outros ramos da ciência. As ciências naturais evoluíram de uma natureza qualitativa para quantitativa, e muitas pessoas tendem a acreditar que a mesma tendência deve se aplicar à economia. No entanto, não há relações constantes na economia, já que nenhuma mensuração é possível. E, sem mensurações, o desenvolvimento quantitativo da economia não é viável. Fatos quantitativos em economia pertencem à história econômica – e não à teoria econômica.

O livro *Measurement of the Elasticity of Demand* [*Medição da Elasticidade da Demanda*] foi revisado por um homem que hoje ocupa o Senado americano, Paul Douglas (1892-1976). Ele talvez até almeje um cargo político de mais destaque no futuro. Douglas declarou que a economia deveria se tornar uma ciência exata com valores fixos como os pesos atômicos da química. Mas o livro não se refere a qualquer valor fixo, e sim à história econômica de um período de tempo definido em um país específico, os Estados Unidos. Os resultados teriam sido diferentes se outro período de tempo ou outro país fosse considerado. Dentro da estrutura do universo em que atuamos, pesos atômicos não se alteram de um período de tempo ou país para outro. Por outro lado, valores e quantidades econômicas variam de um período de tempo ou local para outro.

A economia é a teoria da ação humana. Constitui importante fato histórico, por exemplo, que a batata foi descoberta pelos nativos do México, trazida para a Europa por um cavalheiro britânico e que seu uso se espalhou pelo mundo. Esse fato histórico teve consequências importantes para a Irlanda, por exemplo, mas, sob a ótica da teoria econômica, não passou de mero acidente.

Quando números são introduzidos na economia, não estamos mais no campo da teoria econômica, mas no da história econômica, que também é, naturalmente, um campo muito importante. A estatística no campo da ação humana é um método de estudo histórico que fornece a descrição de um fato, mas nada além de um fato pode ser provado (é verdade que alguns estatísticos são "enganadores", e na realidade, alguns estatísticos no governo foram nomeados exatamente por essa "qualidade").

Algumas pessoas podem interpretar mal essas afirmações e concluir que o propósito da economia, sendo uma ciência puramente apriorística, é desenvolver um programa para uma ciência futura; e ainda que a economia seja uma teoria praticada somente por "cavalheiros sedentários". Ambas as afirmações são errôneas. A economia não é um programa para uma ciência que ainda não existe e nem uma ciência meramente para puristas. Devemos, assim, rejeitar a ideia de que precisamos aprender a história para poder estudar a ação humana. A história é importante. Mas não podemos tratar condições presentes estudando o passado, pois as condições mudam.

Eis um exemplo para ilustrar meu ponto: o Departamento Nacional de Pesquisas Econômicas publicou um relatório sobre vendas às vésperas da Segunda Guerra Mundial, inflação, e também sobre restrições ao crédito impostas pelo governo. Quando concluído, aquele estudo já estava "morto", pois tratava de questões que pertenciam a um passado. Mas não pode ser considerado inútil, pois muito podemos aprender com sua análise cuidadosa. Não nos esqueçamos de que não se trata de economia, mas sim de história econômica. O que foi realmente estudado foi a história econômica do passado mais recente.

Charles Darwin (1809-1882) também compreendeu isso no tocante ao estudo de animais mortos e dissecados para um experimento, de forma que ninguém podia jamais estudar um animal na verdade – ninguém pode jamais estudar a própria vida.

O mesmo se aplica à economia. Não podemos descrever o sistema econômico atual – podemos somente descrever o passado. Não podemos prever o futuro como resultado do estudo do passado. Frequentemente, historiadores econômicos ensinam história sob o rótulo de "economia". Mas, mesmo sabendo tudo sobre o passado, nada sabemos sobre o futuro.

Palestra

4

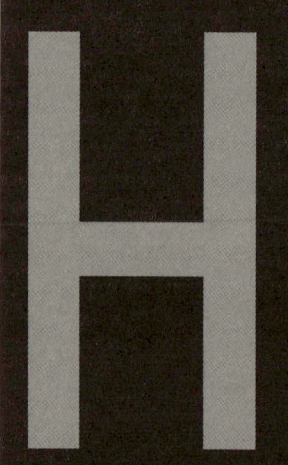

Hoje tratarei de alguns aspectos das teorias de Karl Marx. Desejo oferecer uma pequena contribuição à interpretação materialista da história. Primeiramente, preciso dizer algo sobre a filosofia e história geral de Marx.

Em geral, as doutrinas filosóficas sobre problemas históricos pertencem a uma tipologia bastante específica, pois não se amparam no que ocorreu no passado e sim presumem conhecer o que o futuro reserva para a humanidade e oferecer uma solução para esses problemas futuros. A maioria dos filósofos rejeita esse método de raciocínio. Por exemplo, Immanuel Kant (1724-1804) declarou que o método implica o homem alocar a si mesmo a capacidade de ver as coisas como se fosse Deus.

No entanto, nos anos 1820, Georg Wilhelm Friedrich Hegel também adotou essa interpretação filosófica da história. Segundo

Marxismo, Socialismo e Pseudociência

Hegel, a força catalisadora da Revolução Industrial seria uma entidade denominada *Geist*, ou seja, o espírito ou a mente. *Geist* teria propósitos definidos a atingir. A evolução do *Geist* da história teria atingido hoje seu propósito final, o qual, segundo Hegel, foi estabelecer o reino da Prússia de Friedrich Wilhelm III (1770-1840) e a Igreja da União Prussiana. Críticos dessa doutrina argumentam que não existiria história no futuro, pois a evolução teria atingido seu propósito final.

Em meados do século XIX, Karl Marx desenvolveu, individualmente, uma filosofia diversa da de Hegel, na qual a força catalisadora não era *Geist* ou o espírito, mas algo denominado "forças produtivas materiais". Essas forças impulsionariam a humanidade ao longo de vários estágios sucessivos. O penúltimo estágio seria o capitalismo, e a seguir o último estágio seria inexoravelmente o socialismo. Segundo tal teoria, o advento do socialismo seria, consequentemente, inevitável, determinado pelas forças históricas.

Os antecessores de Marx, os socialistas históricos, acreditavam que para implantar o socialismo seria necessário convencer a maioria das pessoas de que o socialismo era melhor, o melhor sistema, e isso motivaria as pessoas a implantar a substituição. Karl Marx não advogou o desejo pelo socialismo, pois não pretendia argumentar *em favor* desse sistema. Ele pregava ter descoberto uma lei de evolução social que indicava o advento do socialismo decorrente da inexorabilidade de uma lei da natureza.

Mas será o socialismo melhor? Essa pergunta já havia sido respondida por Hegel e Comte. Suas doutrinas tacitamente pressupunham que cada estágio sucessivo da evolução deve necessariamente ser "melhor" que e "superior" aos estágios anteriores. Sendo assim, é desnecessário questionar se um estágio evolucionário é melhor – parece-nos óbvio, pois, segundo a lógica da doutrina, sendo o último estágio, ele deveria, necessariamente, ser melhor.

Marx acreditava que o socialismo estava próximo e que, após sua implantação, toda a história terminaria. Ele não concebia mais nenhum avanço uma vez que o conflito de classes fosse eliminado e nós vivêssemos em um estado no qual nada importante poderia acontecer. Forneço aqui uma citação de Friedrich Engels (1820-1895), que se considerava não somente um grande economista, mas também um especialista em problemas militares, e que ilustra esse ponto: *"Em primeiro lugar, as armas alcançaram tal estágio de perfeição que qualquer outro avanço que pudesse ter uma influência revolucionária não é mais possível. A era da evolução, por conseguinte, está essencialmente findada nesse sentido*"[4].

Desde então, foram desenvolvidas todas as armas modernas.

O problema mais sério para a doutrina da inevitabilidade do socialismo explicar é como uma entidade super-humana como *Geist* ou as "forças materiais produtivas" pode forçar os indivíduos a agir de modo que resultados inelutáveis prevaleçam. As pessoas têm seus planos individuais, visando a objetivos diversos. Mas a teoria da inevitabilidade do socialismo prega que, o que quer que as pessoas façam, elas produzirão, ao final, os resultados que *Geist* ou as "forças materiais produtivas" indicam. Duas explicações são sugeridas.

Um grupo propunha uma solução muito simples. Esse grupo sustentava que as pessoas serão forçadas por *"Führers"* ou super-homens a seguir o caminho que *Geist* ou as forças produtivas materiais indicarem. Reis e ditadores, no passado, se outorgaram essa missão super-humana. E, assim, Stalins, Hitlers e Mussolinis são eleitos pela história. Os que não obedecem às suas ordens devem ser liquidados por serem contra a "evolução histórica".

Mas essa não era a ideia de Marx, cuja doutrina se baseava no amplamente discutido "materialismo econômico dialético histórico". O materialismo é uma das maneiras pelas quais as pessoas tentam solucionar um dos problemas mais essenciais

---

[4] ENGELS, Friedrich. *Herr Eugen Dühring's Revolution in Science (Anti-Duhring)*. York: International Publishers, 1939. p. 188. [Disponível em língua portuguesa como: ENGELS, Friedrich. *Anti-Dühring*. Trad. Nélio Schneider. São Paulo: Boitempo Editorial, 2015. (N. E.)]

e insolúveis – a dicotomia entre as funções da mente ou alma do indivíduo e as funções do corpo. Essa dicotomia ainda apresenta uma controvérsia. Sem dúvida há alguma conexão, e várias foram as tentativas de explicá-la. Entretanto, nosso único interesse em uma explicação materialista no momento se deve a sua relação com a teoria de Karl Marx.

Esse filósofo materialista argumenta que todas as funções mentais do homem são simplesmente produzidas por órgãos do corpo – por seus cérebros físicos. A ideia foi sugerida de forma mais brutal por alguns filósofos do século XVIII contemporâneos de Marx, entre os quais o filósofo alemão Ludwig Feuerbach (1804-1870), que declarou rispidamente: "O homem é o que come". Uma colocação interessante, mas difícil de aceitar. Quimicamente, as secreções dos órgãos de todos os homens normais são as mesmas. Caso não sejam, deve haver alguma irregularidade. Se as variações indicam uma condição patológica, também as irregularidades serão as mesmas para todos os homens que apresentem a mesma condição patológica. Ideias e pensamentos, por outro lado, são diferentes. Dois alunos podem fazer a mesma prova, mas suas respostas às mesmas perguntas serão diferentes. O poeta italiano Dante Alighieri (1265-1321) escreveu belas palavras, enquanto outros têm dificuldade para escrever qualquer coisa. Ou seja, há algo "suspeito" nessa doutrina.

Marx rejeitou esse tipo de materialismo dizendo que os filósofos materialistas tinham uma argumentação fraca para tratar problemas sociais. Apesar de a marca própria de Marx para o materialismo requerer pouco tempo para ser superficialmente compreendida, ela não é muito conhecida. Essa marca particular é expressa em poucas páginas de sua obra *Crítica da Política Econômica*, que foi o rascunho original para o primeiro capítulo de *O Capital*:

> Na produção social de sua subsistência, os homens iniciam relações específicas e necessárias uns com os outros, relações estas independentes de sua vontade – relações de produção que correspondem a um estágio definido de desenvolvimento de suas forças produtivas materiais[5].

As forças produtivas materiais geram, independentemente da vontade das pessoas, sistemas e instituições legais definidas, denominadas "relações de produção". As relações de produção são as consequências diretas das forças produtivas materiais.

Acima das relações de produção, encontra-se uma superestrutura que inclui tudo o que é ideológico – arte, literatura, ciência, religião, e assim por diante. Essas superestruturas são os produtos de que as relações de produção necessitam. As relações de produção, por sua vez, são as consequências necessárias das forças produtivas materiais, que constituem o âmago de tudo. Tais forças têm um efeito individual, pois, quando se alteram, inevitável e independentemente da vontade do homem, acarretam mudanças correspondentes nas relações de produção do organismo social – a sociedade. Elas também acarretam mudanças na superestrutura. Sendo assim, a questão vital é: quais são essas forças produtivas materiais?

---

[5] *Capital, the Communist Manifesto and other Writings by Karl Marx*. Edited with an introduction by Max Eastman. New York: The Modern Library, 1932. p. 10.

Aqui nos deparamos com a técnica peculiar de Marx de não fornecer definições aos termos que usa. Entretanto, seus exemplos ocasionais nos são úteis. O mais importante exemplo aparece em *Misère de la philosophie*[6] [*A Miséria da Filosofia*], de 1847. Um maquinário manual nos dá a "sociedade feudal"; um maquinário a vapor nos dá a "sociedade industrial". Isso significa que as forças produtivas materiais são as ferramentas e as máquinas; estes são os elementos reais. Mas ferramentas e máquinas mudam; elas têm uma história própria, pois geram, em primeiro lugar, as relações de produção e a estrutura social, e, acima da estrutura social, geram a superestrutura – a literatura, a religião, e assim por diante. Outras instâncias nos levam às mesmas conclusões, as de que o que Marx denominava "forças produtivas materiais" eram as ferramentas e máquinas.

Mas duas importantes questões surgem aqui. Ferramentas e máquinas não existem no universo fora da mente humana. Elas são produtos do pensamento e das ideias do homem – produtos da mente humana. Em segundo lugar, essas ferramentas e máquinas só podem ser introduzidas na prática quando as condições sociais assim o permitem – deve haver, antes, algum grau de divisão do trabalho para que essas máquinas sejam aplicadas e usadas. Sem a divisão do trabalho, as máquinas, produtos das ideias, são inúteis. Isso é realmente materialismo? Assim sendo, a evolução dos fatores ideológicos de Marx – a fonte das ideias, as forças produtivas

---

[6] Em língua portuguesa a obra está disponível na seguinte edição: MARX, Karl. *Miséria da Filosofia*. Trad. J. C. Morel. São Paulo, Ícone, 2004. (N. E.)

materiais básicas – remonta aos produtos, que são essencialmente resultado da mente humana. Ou seja, o esquema ideológico todo é insatisfatório.

Marx desejava mostrar como novas ideias surgem. Ele atacava as teorias do século XVIII, principalmente as do historiador e filósofo escocês David Hume (1711-1776), que pregava que as ideias são o que importa, e ao mudarmos as ideias mudamos as condições. Marx dizia que ideias nada mais são que os resultados de fatores materiais, produtos das forças produtivas materiais. Mas vemos que essas forças são produtos das ideias. Ou seja, os conceitos de Marx se movem em um círculo vicioso.

Outros além de Marx também atacavam a grande importância atribuída a invenções e avanços em máquinas. Pouco depois, ainda na década de 1870, Leopold von Ranke (1795-1886) declarou que a história da tecnologia constitui o mais importante aspecto da história humana e que tudo avança por meio da tecnologia. Marx foi além ao dizer que tudo, literalmente, depende de avanços na tecnologia. Mas ele não conseguia explicar tudo a partir da perspectiva materialista, pois ferramentas e máquinas são puramente produtos da alma humana.

Quando Marx morreu, seu amigo e colaborador Friedrich Engels fez um discurso em seu enterro no qual tentou sintetizar em uma breve oração o que considerava as grandes e imortais ideias de Marx. Esse discurso apresenta uma nova interpretação, ligeiramente diferente, de Karl Marx. Engels declarou que:

Como Darwin, que descobriu a lei da evolução da natureza orgânica, Marx descobriu a lei da evolução histórica da humanidade, ou seja, o simples fato, até então escondido sob os desenvolvimentos ideológicos exagerados, de que todos os homens devem, primeiramente, comer, beber, ter abrigo e vestimentas antes de se dedicar à política, ciência, arte, religião e outros temas [...].

Isso, continuou Engels, era algo desconhecido antes de ser descoberto por Marx. No entanto, é algo óbvio, jamais negado. Na verdade, há um antigo ditado em latim, da Idade Média: "Você tem que primeiro viver para depois poder ser um filósofo".

Foi um truque engenhoso de Engels dar essa interpretação a Marx, pois, desde então, sempre que alguém tenta contradizer a teoria de Marx, é questionado se nega que alguém precisa primeiro comer e beber antes de poder escrever. Obviamente isso é necessário, e, então, somos forçados a aceitar a base da teoria marxista.

Ainda segundo Marx, a sociedade é dividida em classes, e cada membro de uma classe é obrigado, pelas leis da história, a pensar de acordo com os interesses de sua classe. A lealdade à classe, não somente no estado atual da sociedade como também em estágios anteriores quando as classes se desenvolveram, determina as ideias das pessoas. Um indivíduo pensa de certo modo por ser membro de certa classe. E, como todos os membros de uma classe pensam segundo os interesses de sua própria classe, o resultado é que os interesses daquelas classes selecionadas pela história devem prevalecer. O conceito de Marx é o de que a classe, não o indivíduo, é quem pensa.

As classes não são criadas por si mesmas. Nós as criamos por categorização, e, se a categorização for correta e lógica, não é contestada. Marx classificou as pessoas e pressupôs a existência de um conflito de interesses irreconciliável entre as classes. A questão é: esse conflito realmente existe? Marx nunca o provou. Ele inicialmente apresentou a teoria de classes no *Manifesto do Partido Comunista,* de 1848, e depois em vários outros livros. Mas nunca definiu "classe", somente explicou o que as classes *não* eram.

Em um dos volumes de *O Capital,* publicado por Engels após a morte de Marx, há um capítulo intitulado "Classes", no qual Marx inicialmente explica o que as classes não são. E, então, o manuscrito termina. Uma nota escrita por Engels diz que o manuscrito nunca foi terminado. Poderíamos nos entristecer se não soubéssemos que o trabalho de Marx não foi interrompido por sua morte, mas sim que ele parou de escrever esses volumes muitos anos antes de morrer.

Marx dá exemplos de conflitos de classes, mas todos esses exemplos se referem a condições de *status* em uma sociedade de castas na qual alguém nasce já predestinado a determinada casta – nobreza, burguesia, escravidão etc. Sob tais circunstâncias há um conflito de interesses, pois qualquer um que nasce já como membro de uma casta definida tem tantos direitos e privilégios como seu pai. É correto afirmar que há conflitos de classes. Mas, em uma sociedade igualitária perante a lei e na qual todos são livres para fazerem o que quiserem, não há "classes rígidas" ou "interesses de classes irreconciliáveis".

Por conseguinte, falar em "burguesia" implica em um grupo ter interesses especiais além e acima dos interesses das multidões. Essa é a filosofia implícita na política dos EUA – oferecer subsídios a agricultores ou privilégios especiais aos trabalhadores, assistência aos "ruritanos" para evitar que se tornem comunistas etc. Se isso acontece, melhor para eles. Nosso mundo é dominado por essa filosofia de classes, e o uso do termo "burguesia" pressupõe a teoria de classes de Marx.

Mesmo pressupondo as outras teses de Marx, é difícil aceitar seu argumento sobre classes. Em seu *Manifesto do Partido Comunista*, Marx admite que algumas pessoas concordam com o conceito de classes e outras não, que os interesses de alguns indivíduos se opõem aos interesses de sua classe. Por que um indivíduo deveria pensar segundo os interesses de sua classe se estes forem diversos dos seus próprios interesses? Argumenta-se que os trabalhadores norte-americanos estão muito atrasados em relação a essa consciência de classe. Se a ausência de tal consciência existir, como é possível afirmar que existe algo como os interesses de classes?

Há ainda opiniões divergentes sobre o que os interesses de classe realmente são. A questão é: qual opinião está certa? Os marxistas argumentam que "É muito fácil saber quando o membro de uma classe pensa de forma diferente. Ele é um traidor de sua classe, um traidor social. Se outro homem, não membro dessa classe, pensar de forma diferente, não precisará dar explicações". O problema dessa distinção é o fato de existirem membros de classes que não seguem as linhas ditadas pelos interesses de sua classe.

Outra dificuldade é o fato de o próprio Karl Marx, que presumia estar falando em nome do proletário, não pertencer a essa classe. Ele era filho de um bem-sucedido advogado, casado com a filha de um *Junker* prussiano, e seu cunhado era chefe da polícia prussiana. Seu colaborador, Friedrich Engels, não era proletário, e sim um industrial, filho de um rico industrial. Sua resposta a essa crítica foi:

> Finalmente, quando a luta de classes se aproximar da hora decisiva, o processo de dissolução que ocorre agora na classe dominante – na verdade, dentro de toda esta velha sociedade – assumirá um caráter tão gritante e violento que uma pequena parcela da classe dominante se isolará e aderirá à classe revolucionária, à classe que detém o futuro em suas mãos[7].

No entanto, Marx e Engels não estavam na retaguarda do movimento – eles estavam na linha de frente, mas assim como outros líderes, também eram burgueses.

Na Inglaterra, quando o socialismo fabiano se desenvolveu, os socialistas europeus visitando o país para se encontrar com amigos eminentes e admiradores frequentemente se surpreendiam ao descobrir que os fabianos eram um conjunto de personalidades socialmente eminentes. Em seus jantares, apareciam trajando fraques e as senhoras usavam joias e outras parafernálias da sociedade vitoriana. É no mínimo questionável que o socialismo tenha derivado da mente proletária.

---

[7] *Capital, the Communist Manifesto and other Writings by Karl Marx. Op. cit.*, p. 331.

Como poderia um homem como Marx não reconhecer que não são os "interesses" que geram ideias, mas sim as ideias que ensinam as pessoas quais são seus reais interesses? Como ele não percebeu isso? Creio que por estar totalmente dominado pela ideia de que a economia consiste meramente em alimentação, vestuário e abrigo. Foi sua a ideia de que as massas famintas pretendiam somente lutar por comida. Ele estava totalmente convencido de que a tendência do capitalismo era, inevitavelmente, causar o empobrecimento das massas e a concentração da riqueza nas mãos de uma minoria, e que nada poderia evitar essa tendência, que resultaria, ao final, no socialismo.

Todos nós sabemos que isso não é verdade, principalmente porque aconteceu algo que Karl Marx não poderia ter previsto – o movimento sindical e a legislação social. Um curto artigo publicado por Marx argumentava que os sindicatos não conseguiriam melhorar as condições dos trabalhadores porque a tendência histórica corria em outra direção, com uma queda no valor real dos salários cada vez mais acentuada. Os sindicatos deveriam abandonar seus esforços por salários mais altos e substituir sua meta "conservadora" – abolir definitivamente o regime salarial. Marx se opunha à legislação social – seguridade social e tudo o mais – ao menos depois dos anos 1850, quando afirmava que sua crença nas forças produtivas materiais trazia mudanças. Se as forças produtivas materiais mudam, toda a estrutura deve necessariamente também mudar, pois as forças produtivas materiais não podem mais se desenvolver dentro de um sistema de velhas relações. No tocante ao conselho dado pelo próprio

Marx e por Friedrich Engels, o *Reichstag* alemão votou *contra* a medicina socializada, a seguridade social e a legislação trabalhista, rotulando-as como fraudes para explorar as classes trabalhadoras até mais que no passado.

Nenhuma formação social desaparece antes de todas as forças produtivas que tal formação pode promover estarem desenvolvidas, e novas relações de produção superiores nunca aparecem antes que as condições materiais para sua existência tenham amadurecido no útero da velha sociedade[8].

Assim, Marx argumentava que, para acelerar a vinda do socialismo, o capitalismo deveria antes atingir sua maturidade (comparável ao "capitalismo maduro" do *New Deal*). Todos esses métodos para "aprimorar" o capitalismo como seguridade social, legislação trabalhista e assim por diante são mesquinhas políticas burguesas nocivas aos interesses dos trabalhadores, pois só retardam a maturidade do capitalismo.

Se for verdade que o advento do socialismo – uma benção para os trabalhadores – indepede da vontade dos homens, mas depende exclusivamente da maturidade do capitalismo e desenvolvimento das forças produtivas do capitalismo, qual a função de um Partido Socialista? Não é absurdo, segundo essa teoria, o homem não ter qualquer ingerência sobre o futuro visando atingir algum objetivo? A resposta dada a essa pergunta foi uma analogia: assim como uma parteira é necessária para auxiliar uma mãe a dar à luz, o Partido Socialista

---

[8] Idem. *Ibidem.*, p. 11.

é necessário para trazer o socialismo ao mundo. Por vezes a parteira pode interferir e a situação se alterar, mas ela tem uma função.

Vemos que a tentativa de Marx de mostrar que as ideias são produtos de algo material não era muito conclusiva. Ele demonstrou somente que as ideias são produzidas por forças, que, por sua vez, são produtos de outras ideias. Tudo o que suas teorias ensinam é que, entre as ideias, algumas são mais importantes que outras. A ideia que gera a construção de uma nova máquina, por exemplo, é mais importante que as ideias que produzem um poema ou um sistema filosófico. O valor de todas essas atividades mentais é contestado por Marx. Qual a função da poesia e da religião se elas são meras consequências de termos certas ferramentas de produção? Eu nem sequer denominaria essa teoria de Marx "materialismo".

Nas décadas de 1840 e 1850, renomados sociólogos e economistas bombardearam os ensinamentos dos autores socialistas com críticas, mas não tocaram os problemas mais cruciais. Não havia razão para isso, porque eles anularam as assertivas de seus contemporâneos socialistas. Karl Marx percebeu que não tinha bases para rebater essas críticas, e suas doutrinas socialistas tomaram outro rumo. Em primeiro lugar, ele desenvolveu a teoria de que todos estamos sujeitos às leis da natureza para pensar segundo os interesses de nossa classe nos forçam a fazê-lo. Ele acreditava que a teoria de um homem, independentemente do que aborda — seja religião, filosofia ou leis —, jamais pode nos dar a verdade enquanto houver classes. Classes de ideologias, ele acreditava, são obviamente falsas, pois suas deficiências e parcialidades servem aos interesses do autor. Os marxistas, até hoje, acreditam que provaram sua teoria simplesmente ao afirmar que não existe uma busca pela verdade desprovida de parcialidade, mas sim movida por resultados práticos.

Para fins de argumentação, ao aceitarmos a premissa segundo a qual todas as atividades mentais são motivadas pelo desejo de resultados práticos, devemos admitir que um homem empregaria uma teoria que estivesse correta. Os pragmáticos dizem que a "verdade" é algo que só funciona quando aplicado. Ludwig Boltzmann (1844-1906), filósofo positivista, declarou que a prova de que nossas teorias estão corretas reside no fato de que as máquinas construídas a partir dessas teorias funcionam conforme esperado. A balística se desenvolveu porque os homens queriam matar uns aos outros. Segundo Marx, a teoria da balística não se desenvolveu porque as pessoas queriam matar outras pessoas, mas as teorias são corretas porque as pessoas queriam matar. Ponto. Marx desenvolveu sua teoria porque queria declarar que os proletários não precisam se preocupar com o ponto de vista burguês; o que os economistas burgueses diziam sobre o socialismo não importava para os trabalhadores.

O segundo ponto que Marx desenvolveu foi a teoria da inevitabilidade do advento do socialismo devido ao empobrecimento progressivo dos trabalhadores causado pelos capitalistas. Como o socialismo era um estágio final, Marx declarou que também era um estágio superior. Sendo assim, não faz sentido desenvolver planos para um estado socialista futuro. Os críticos puseram essas ideias por terra, dizendo que elas não funcionariam. Marx, porém, disse que não precisamos planejar, que as forças produtivas farão todo o planejamento quando tudo estiver maduro.

O sucesso de Marx foi enorme. Hoje muitas pessoas que acreditam que o socialismo é inevitável se consideram jovens marxistas e comunistas. Houve certa resistência a seu materialismo histórico, mas pouca resistência à teoria da inevitabilidade do socialismo.

A principal deficiência da mentalidade atual é precisamente a debilidade da crítica contra o argumento fundamental do marxismo. O livro *The Christian Significance of Karl Marx*[9] [*A Importância Cristã de Karl Marx*] de Alexander Miller (1908-1960), recomenda empregar a religião cristã para endossar não somente o marxismo como também o materialismo marxista.

Marx foi consistente ao rejeitar tentativas da legislação trabalhista. Preconizava que o mundo deve seguir uma dada sequência de eventos (1) feudalismo; (2) capitalismo; e (3) socialismo. Por ser incompatível com sua teoria, ele rejeitou a teoria de que um estágio poderia ser pulado. No entanto, após a morte de Marx, Engels encontrou entre seus pertences uma anotação em um pedaço de papel sugerindo que isso talvez fosse possível. Evidentemente, Marx havia rabiscado isso alguma noite e descartado a ideia na manhã seguinte ao perceber que, se concordasse com essa asserção, isso destruiria sua teoria básica. Engels copiou a anotação com sua própria letra e a enviou a uma senhora na Rússia que havia adquirido

---

[9] MILLER, Alexander. *The Christian Significance of Karl Marx*. New York: Macmillan, 1947.

certa fama por ter matado o comissário de polícia e ter sido absolvida – tais coisas aconteciam na Rússia naquela época. Essa senhora publicou a anotação na década de 1880. Os bolcheviques adoraram a ideia, pois sabiam que a Rússia estava atrasada e presa a essa ideia por acreditar que poderiam pular o estágio do capitalismo e ir diretamente ao socialismo.

A importância de Marx está no fato de ele ter criado uma marca, ou estigmatizado as doutrinas de outros humanistas como ideologias, falsas teorias que, exatamente devido a sua incorreção, são úteis à classe da qual se originam. Como economista, Marx era totalmente dominado pelas doutrinas dos economistas clássicos britânicos, os quais desenvolveram o importante sistema de economia política, mas não conseguiram resolver um problema fundamental – o paradoxo do valor. Sua teoria parece óbvia – as pessoas valorizam bens e serviços externos por sua utilidade, por agregarem determinados serviços úteis – quanto mais útil o serviço, maior o valor. Mas esses economistas não souberam explicar por que uma unidade de peso de ouro, que é menos útil que o ferro, é trocada por um número de tais unidades de ferro.

Em 1870, a solução para esse paradoxo foi descoberta em datas diferentes por três pessoas independentes – William Stanley Jevons (1835-1882), na Inglaterra; Carl Menger (1840-1921), na Austro-Hungria; e Leon Walras (1834-1910), na Suíça. Esses três homens reconheceram que somente uma quantidade limitada de um bem é negociada em qualquer troca específica. As pessoas não trocam a oferta total disponível, por exemplo, de ferro ou ouro. Se um homem oferece várias unidades de ferro por uma unidade de ouro, ele não se comporta da mesma forma que se negociasse todo o seu estoque de ferro por todo um estoque de ouro. Quanto maior a quantidade disponível, menor o valor por unidade e menor o grau de satisfação por unidade – a teoria da "utilidade marginal".

A teoria dos economistas clássicos foi responsável pelo não rastreamento dos valores até o consumidor final, o que explica o grande valor conferido à teoria de comprar barato e vender mais caro e o equívoco do espectro do "homem econômico". Tal teoria se aplicava somente ao empresário, não ao consumidor, o que exigiria iniciar o processo a partir da utilidade, um conceito dificilmente compreendido pelo homem comum. O fato marcante é que os dois maiores socialistas do século XIX, o revolucionário radical Marx e o socialista de salão, filósofo e economista John Stuart Mill (1806-1873), estavam tão convencidos da teoria clássica de valor que nunca a questionaram. Mas essa teoria de valor já havia sido criticada por Ferdinand Lassalle (1825-1864), entre outros, que gozavam de maior influência em sua época do que Marx. E, mesmo tendo sido aprimorada por David Ricardo (1772-1823), foi adotada por Marx. Além disso, Mill, em sua obra *Principles of Political Economy* [*Princípios da Economia Política*], de 1848, declarou que a teoria de valor estava definitivamente solucionada – gerações vindouras não conseguiriam aprimorá-la ainda mais.

Marx considerava o sistema de economia clássica uma ideologia burguesa. Mesmo assim, sua teoria econômica não ia além do sistema clássico, moldada de forma ligeiramente diferente e expressada em termos um tanto diversos. O que

Marx agregou à economia tem pouca importância, pois, como economista, ele pouco adicionou ao que já ouvira de outros – e por vezes, chamou-os de idiotas, bajuladores e assim por diante –, mas nunca desviou muito de seus ensinamentos.

Marx explica a história como o resultado dos interesses econômicos de classes. Cada situação contém grupos que, no curto prazo, ou se beneficiam ou padecem, mas o que prevalece são esses interesses. Por exemplo, na ocorrência de uma praga ou epidemia, os fabricantes de medicamentos e os médicos se beneficiariam. Interesses de longo prazo não são tão óbvios e podem ser determinados somente pelas ideias.

Palestra

5

Esta noite quero começar pela relação entre a economia e a vida prática, e as consequências do desenvolvimento da teoria de economia.

Rudyard Kipling (1865-1936) declarou que *"O Oriente é o Oriente, o Ocidente é o Ocidente, e os dois jamais se fundirão"*. Diferenças entre o Ocidente e o Oriente existem, certamente, há milhares de anos. O Oriente nunca desenvolveu a noção de pesquisa científica – a busca pelo conhecimento e verdade *per se* –, herança recebida dos gregos pela nossa civilização. Um segundo feito dos gregos, não compartilhado pelo Oriente, é a ideia da liberdade política do governo – da responsabilidade política de cada cidadão. Essas ideias, amplamente aceitas no Ocidente, nunca tiveram contrapartida no Oriente. Mesmo hoje em dia, poucos intelectuais orientais seguem

O Capitalismo e o Progresso Humano

estas ideias. No entanto, o mundo era mais ou menos um mundo único, a despeito dessas ideias, até aproximadamente 250 anos atrás.

As relações sociais e as condições de vida eram praticamente as mesmas em todo o mundo até 250 anos atrás. O padrão de vida médio pouco variava entre o Oriente e o Ocidente. Modernos métodos de produção e padrões de consumo, conhecimento tecnológico e igualdade pela lei eram desconhecidos. Hoje, consideraríamos insatisfatórias as condições que prevaleciam naquela época. Desconsiderando o sentido político, a expressão cunhada por Wendell Willkie (1892-1944), "Um Único Mundo", era mais válida naquela época do que agora.

O progresso geral e a relativa tranquilidade política alcançados há 250 anos contribuíram para o crescimento da população, e essa parcela adicional de seres humanos se tornou grande demais para o sistema social daquela época. Os países que apresentavam condições políticas mais favoráveis foram infestados por ladrões, assaltantes e assassinos

– pessoas que não tinham lugar na situação econômica existente então.

Algo ocorreu na Europa – inicialmente na Europa Ocidental, Grã-Bretanha e Países Baixos, e que se espalhou para o resto do mundo ocidental –, um movimento que determinou diferenças consideráveis entre o Oriente e o Ocidente. Esse movimento é denominado pelos historiadores Revolução Industrial, e trouxe mudanças radicais oriundas de mudanças intelectuais radicais, ou seja, resultou do movimento intelectual que definiu a economia como um ramo autônomo do conhecimento humano. As mudanças radicais multiplicaram as cifras populacionais e alteraram a face do mundo.

Algumas dessas ideias se formaram durante gerações anteriores. Por exemplo, a Lei de Gresham, a "lei" de *Sir* Thomas Gresham (1519-1579), que salienta que o (mau) dinheiro legalmente supervalorizado acaba resultando legalmente em (bom) dinheiro desvalorizado fora de circulação. Essa regularidade no campo monetário já havia sido observada pelo dramaturgo cômico grego Aristófanes (448-380 a.C.) em sua obra *As Rãs*, assim como pelo bispo francês Nicolas Oresme (1323-1382). No entanto, não havia sido percebido que semelhante regularidade existia também em relação à concatenação e sequência dos fenômenos no mercado. O reconhecimento da regularidade no mais amplo campo das atividades de mercado, foi um avanço da mente humana, um avanço mental que resultou no fato de as pessoas começarem a analisar todas as atividades produtivas a partir de uma perspectiva diferente.

Questiona-se por que os antigos gregos, por exemplo, cujo conhecimento da ciência era tão avançado, não atribuíram um uso prático a suas descobertas. Sabemos que eles tinham o conhecimento científico para construir ferrovias, mas por que não o fizeram? Seu progresso foi barrado por certas ideias, uma das quais ainda prevalece – o "desemprego tecnológico". A ideia de que melhores métodos de produção levariam ao desemprego considerava um crime desviar-se de métodos tradicionais de produção mesmo se estes fossem insatisfatórios. Eles não perceberam que, ao reduzir a quantidade de trabalho necessário à produção de certa quantidade de bens, liberariam mais material e mais trabalho para a produção de outros itens.

A segunda ideia que prejudicou o desenvolvimento dos gregos foi sua perspectiva unilateral em relação a acordos de negócios: se o vendedor lucra, o comprador perde. Essa atitude teve um efeito notável no comércio internacional, pois a velha superstição de que o comércio exterior gera desemprego ainda prevalece hoje em dia. Muitas pessoas creem que a vantagem do comércio exterior vem da exportação, e não da importação. Se assim fosse, a vantagem de comprar um filão de pão adviria de "exportar" ou gastar o dinheiro para obter o pão, e não de obter o pão propriamente dito.

Abandonar métodos tradicionais de produção e comércio – e todas as mudanças representavam, necessariamente, inovações – era considerado um crime. Assim, qualquer progresso ou nova ideia até então desconhecida era ignorada. Os homens ficaram cegos perante grandes mudanças que ocorreram não somente na produção como no consumo.

Observamos o advento da produção em massa, mas não nos demos conta de que ela foi desenvolvida para satisfazer as necessidades das massas. As corporações e os artesões da Idade Média produziam para a classe rica. Antes da Revolução Industrial e em seu período inicial, houve grande comércio de roupas de segunda mão, que haviam sido feitas para os ricos, mas depois eram compradas pelos menos favorecidos. Mesmo sendo um importante componente da economia, essa prática desapareceu com os modernos métodos de produção.

A Revolução Industrial se iniciou com a produção voltada para as necessidades dos pobres, das massas, e, assim, fabricava itens mais baratos e de menor qualidade. A indústria do algodão foi uma das primeiras evoluções da Revolução Industrial, pois o algodão era o tecido usado pelo homem pobre – nenhum membro da classe média ou alta queria o algodão. A qualidade da produção em massa melhorou somente quando as condições das massas também melhoraram e elas não mais queriam produtos baratos. Até há pouco tempo, nenhuma dama ou cavalheiro compraria roupas ou sapatos fabricados. Somente 100 ou 120 anos atrás é que pudemos comprar uma camisa pronta na Alemanha. Todas essas indústrias se desenvolveram nos últimos 100 a 150 anos.

Como consequência, a Revolução Industrial no Ocidente desencadeou um enorme abismo que ainda hoje separa o Ocidente do Oriente. O Oriente se atém à ideia de que, se o desenvolvimento do capital no mundo ocidental for impedido, a riqueza de alguns causará a pobreza de outros. Surgiu assim o conceito de "nações subdesenvolvidas" e da necessidade de provê-las com consultoria tecnológica ou *know-how*. Isso é ridículo! Muitos indianos, chineses e estudantes de outros países que são alunos de nossas universidades são pessoas muito capazes e estão adquirindo *know-how*. Mesmo se não estivessem, muitos norte-americanos estariam dispostos a trabalhar em seus países e ensinar-lhes esse *know-how*. O que eles realmente precisam é de capital, do capitalismo.

Qual a função da economia ou de discussões teóricas sobre economia? Todos os avanços das ciências físicas e químicas continuariam a ser "letra morta", sem qualquer significado para a vida real, se as ideias disseminadas pelos economistas do século XVIII sobre a divisão do trabalho, liberdade de troca etc. não tivessem preparado o caminho para a aplicação prática dessas descobertas científicas. Mesmo assim, algumas pessoas ainda hoje suspeitam de qualquer inovação. Por exemplo, um professor alemão, considerado eminente historiador econômico e membro honorário de diversas sociedades, declarou em um de seus últimos livros ser um sério retrocesso nossas instituições sociais permitirem a todos a oportunidade de produzirem uma invenção e colocá-la em uso prático. Ele acredita não haver mal algum em expor invenções em museus, exceto invenções militares, pois esse era seu lugar correto (essa era a base da *Fuhrerprinzip* – a ideia de que o sábio *Führer* deveria dar as ordens que recebia diretamente de Deus, o *Führer* do Universo). Os avanços científicos podem ser detidos até certo ponto, mas, em geral, não podem ser totalmente impedidos.

Algumas pessoas consideram o progresso científico algo "material", e definem "materialismo" como almejar nada além da melhoria de condições materiais ou externas

— melhor alimentação, vestuário, moradia etc. Essas pessoas argumentam que os materialistas se importam somente com as necessidades "menores" da vida diária. Por outro lado, consideram-se *éticos* ao demonstrar seu idealismo e depreciar melhorias materiais. Analisemos tais colocações.

Uma das consequências da Revolução Industrial foi a população estar muito maior do que o mundo podia suportar antes. Cada indivíduo nos países capitalistas também tem agora padrões de vida mais altos que antes, o que significa uma longevidade maior. O crescimento da população não se deu pelo aumento da natalidade, mas pelo decréscimo da taxa de mortalidade, principalmente a infantil. A Rainha Anne (1665-1714) da Inglaterra, última soberana da casa dos Stuart, teve dezessete filhos, mas nenhum viveu até a idade adulta. Essa situação teve graves consequências para o país, gerando o problema histórico e religioso da sucessão protestante. Como prova adicional da extensão da mortalidade infantil, a maioria das encantadoras crianças das famílias Habsburg pintadas por Diego Velásquez (1599-1660) morreu ainda na infância. Poderíamos chamar a melhoria nos padrões de vida resultantes da Revolução Industrial de "materialismo". Mas, do ponto de vista dos pais, um aumento na expectativa de vida de seus filhos pode não ter parecido meramente materialista.

Engels disse que as pessoas precisam comer antes de poderem desenvolver ideias filosóficas, com o que eu concordo. Os europeus agora afirmam estarem lutando conta a "civilização Coca-Cola", mas seria um erro dizer que o capitalismo não desenvolveu nada além da Coca-Cola. O capitalismo certamente também promoveu avanços filosóficos e teológicos. Sob a ótica das grandes descobertas científicas dos séculos XIX e XX, dizer que a economia capitalista é a "civilização Coca-Cola" não poderia ser considerado uma afirmação tendenciosa.

Diversos direitos e liberdades foram conquistados com a Revolução Industrial – políticas de liberdade econômica no comércio interno e exterior, moedas fortes e a não interferência do governo. São políticas, não verdades científicas; são políticas baseadas em julgamentos de valor que surgiram do conhecimento construído. Devemos reconhecer a relação entre conhecimento e valores.

É mais fácil compreender a diferença no campo da medicina ou química. Os cientistas determinam um fato, digamos, que a droga "A" é um veneno, mas nenhum julgamento de valor é emitido sobre tal droga. A patologia e a química não determinam como um produto químico deve ser usado, mas sim se determinado produto prolongará ou não a vida humana. A decisão de usar ou não o veneno e de como usá-lo deve ser emitida por outra pessoa, não pelo químico ou pelo patologista, mas sim por alguém que emita um julgamento de valor. Se um médico não consegue salvar a vida tanto de uma mãe como de seu bebê no parto, um dilema surge: qual vida deve ser salva? A resposta não pode ser dada pela ciência médica, mas a partir de um julgamento de valor.

No campo das relações sociais e da conduta humana, a ciência nos apresenta proposições existenciais, afirmações sobre as consequências de certas causas. Há uma diferença essencial entre tais afirmações de fatos e o julgamento de valor que nos mostra qual alternativa é mais desejável ou preferível.

Um julgamento de valor apresenta o que *deve* ser feito sob a ótica de pessoas que compartilham os mesmos valores.

A economia poderia ter pouca importância para a vida diária – mas isso não é verdade, a teoria econômica é muito importante. Para tomar as medidas certas e atingir dada meta, precisamos primeiro nos familiarizar com o real estado das coisas – a situação existencial. E, para tomar decisões, fazer julgamentos de valor e agir, precisamos conhecer e compreender a economia. Para julgar a importância do conhecimento econômico, consideremos o caso do Irã. Quando esse país confiscou a propriedade da Companhia de Óleo Anglo-Iraniana recentemente e nacionalizou a indústria petrolífera, o objetivo era melhorar a situação da população[10]. A questão é se a política empregada terá esse efeito.

Os economistas clássicos introduziram o termo "interesses corretamente entendidos". Há várias "dimensões" de tempo, e, para determinar os "interesses corretamente entendidos", devemos considerar todas as possibilidades, já que os objetivos de curto prazo são frequentemente diversos dos objetivos de longo prazo. Um dos mais comuns ataques à economia é o fato de que os economistas consideram somente o longo prazo, não o curto prazo. Mas isso não é verdade. Os economistas simplesmente salientam que há uma distinção entre os dois.

---

[10] Em 30 de abril de 1951, o Parlamento Iraniano, comandado pelo *Premier* Mohammed Mossadegh (1882-1967), aprovou uma lei, retroativa a 20 de março de 1951, expropriando a propriedade da Companhia de Óleo Anglo-Iraniana e nacionalizando a indústria "para a felicidade e prosperidade da nação iraniana e para salvaguardar a paz mundial".

Algumas pessoas preferem interesses de curto prazo aos de longo prazo, mas isso não significa desconsiderar o longo prazo. Governos que buscam sanar problemas econômicos com diversas intervenções não podem destruir os países capitalistas no curto prazo. Alguns venenos agem rapidamente, outros mais lentamente, e, assim como estes últimos, intervenções governamentais podem trazer consequências desastrosas no longo prazo, até mesmo sob a ótica dos que desejavam tais medidas.

John Maynard Keynes (1883-1946) declarou que, *"no longo prazo, estaremos todos mortos"*. Esse é o único ponto sobre o qual concordo com Keynes. Apesar de correta, sua ideia equivale ao comentário feito por Madame de Pompadour (1721-1764), amante do rei Luís XV (1710-1774), cujo papel era consolar o rei quando seus exércitos eram ameaçados – "Não há necessidade de se preocupar. *"Aprés nous le déluge"* ["Atrás de nós, vem o dilúvio"] Felizmente para ela, Madame de Pompadour morreu cedo. Mas sua sucessora como amante de Luís XV, Madame du Barry (1743-1793), não teve a mesma sorte – ela sobreviveu no curto prazo mas, no longo prazo, foi executada.

No entanto, as ideias de Keynes são insatisfatórias até mesmo sob sua própria ótica. Suas teorias de expansão de crédito causaram uma expansão artificial que, ao final, deverão resultar em depressão e crise. Suas indesejáveis consequências provavelmente se farão sentir várias vezes ao longo de nossas vidas, não somente após nossa morte. Um homem de hoje provavelmente passou pelas depressões de 1907, 1921, 1929, 1937, e poderá ainda passar por outras durante sua vida.

A economia meramente afirma que há consequências tanto no curto quanto no longo prazo, e ambas devem ser consideradas para que decisões sejam tomadas a partir de todo o conhecimento disponível. A economia não prega, por exemplo, que o livre comércio seja melhor que o protecionismo, mas meramente aponta as diferenças entre as consequências que ambos acarretam. A economia simplesmente afirma que o protecionismo não é uma forma de melhorar o padrão geral de vida, mas isso não se aplica a casos em que uma tarifa protecionista é defendida por outras razões. Por exemplo, quando os Estados Unidos perceberam a ameaça a suas linhas de suprimento às vésperas da Segunda Guerra Mundial, poderiam ter introduzido uma taxa de importação para a borracha natural e subsidiado os fabricantes de borracha sintética. Essa medida teria sido considerada uma despesa "de defesa", não uma escolha baseada na economia, e teria sido julgada a partir da perspectiva da defesa.

Um economista não emite julgamentos de valor que não possam ser amparados por nenhuma ciência, mas sim as informações de que precisamos para fazer julgamentos de valor e tomar decisões. A avaliação, o julgamento, cabe ao indivíduo, às pessoas, aos eleitores.

A neutralidade da ciência tem sido criticada particularmente por aqueles que desejam enfatizar certos julgamentos de valor, elevando-os ao grau de uma regra a que todos devem obedecer. Na Alemanha, particularmente após a Guerra de 1870, os professores que ensinavam aspectos da ciência política não concebiam haver tolerância, compreensão, paz e boa vontade entre as nações.

O conceito de neutralidade da ciência (*Wertfreiheit* – liberdade de valor) é o avanço mais peculiar da ciência. Sendo a ciência econômica neutra, isso não significa que não trata de problemas de ordem prática, mas simplesmente que não explica o significado da ação humana. *Mas é precisamente por sua neutralidade que pessoas de diferentes civilizações conseguem viver juntas em paz*. Esse é um dos principais conceitos oriundos da Revolução Industrial e do avanço da ciência moderna, uma ideia desconhecida pelas mentes mais ilustradas do século XVI. Muito poucas pessoas dessa época teriam compreendido que pessoas de religiões, valores e ideias diversas conseguiriam viver juntas na mesma cidade, no mesmo país, ou no mesmo mundo.

A pacífica troca de ideias e a coexistência de pessoas com ideias diversas tinha alcançado triunfal sucesso no início do século XIX. Houve um avanço em direção à liberdade e à paz (principalmente à liberdade intelectual), à eliminação da crueldade do governo no tocante a punições e torturas em procedimentos criminais, e a melhores padrões de vida. As pessoas começaram a acreditar que tal avanço era inevitável, e no século XIX estavam convencidas de que nada poderia deter essa tendência de mais liberdade. A Câmara de Comércio de Manchester, na Grã-Bretanha, chegou a declarar na década de 1820 que a Era da Guerra estava finalmente terminada. Essa foi a teoria econômica mais inócua, pois não seria necessária qualquer guerra se houvesse o livre comércio e um governo representativo. Mas essas mesmas pessoas não perceberam que uma reação já havia se iniciado, um movimento na direção contrária.

Entre os oponentes à ideia de liberdade estava Auguste Comte. Foi essa reação contra a liberdade que dividiu o mundo em dois. Paradoxalmente, aqueles que apoiavam os grupos a favor das prisões, perseguições a qualquer desvio etc. eram denominados "progressistas".

Os "economistas étnicos" que se opunham ao "materialismo" da inócua teoria econômica dos britânicos se tornaram os predecessores do que foi posteriormente denominado nazismo. Os nazistas, imitando os marxistas, não toleravam qualquer oposição. Um bom alemão só poderia ter ideias alemãs, pois todos seriam forçados pelas leis da natureza a pensar segundo os interesses "naturais" de sua raça ou nação. Os nazistas não conseguiam explicar de que maneira pessoas como o compositor Ludwig van Beethoven (1770-1827), o escritor Johann Wolfgang Goethe, e o filósofo Immanuel Kant, todos alemães, poderiam nutrir ideias não alemãs. Hoje, considerando os eventos mais recentes, questionamos se essas ideias nazistas, impostas ao povo alemão ostensivamente para seu próprio bem, eram realmente úteis no longo prazo.

Alguns comunistas modernos alegam que previram o sucesso do nazismo. Mas eles não o fizeram! Pelo contrário, nenhum deles fez isso. O Partido Nazista fez sua estreia na Alemanha no final da década de 1920 e início dos anos 1930. Observadores neutros disseram: "É verdade que eles receberam alguns votos, mas é impossível que a Alemanha se torne nazista. Analisemos as estatísticas – a maioria dos alemães é formada por trabalhadores e marxistas. Jamais votarão em nazistas". Isso nos mostra que ninguém consegue prever a história. Podemos fazer prognósticos, mas é bastante questionável se esses prognósticos estarão certos.

Um grupo que compartilha interesses especiais será, provavelmente, uma minoria. Produtores de gado de corte ou de leite, agricultores de algodão ou de trigo, todos constituem minorias com interesses especiais. Mas, se o governo intervier, alianças poderão ser formadas entre tais grupos, mesmo que seus interesses não sejam idênticos ou até sejam opostos. A mesma situação existe em relação a outros trabalhadores – trabalhadores em confecções, ferroviários, mineradores de carvão etc. Na vida política, o que enfrentamos não são grupos de pressão formados a partir de interesses comuns naturais, mas grupos formados a partir de alianças de diversas minorias promovidas pelo governo.

Privilégios só são benéficos quando são estendidos às minorias. Em certas circunstâncias, as minorias podem garantir certos privilégios por algum tempo, mas, ao final, as vantagens vão se deteriorar, especialmente para fazendeiros, quando as pessoas perceberem as várias consequências. Não é difícil convencer vários grupos minoritários que estão perdendo mais do que estão ganhando, e, assim, as alianças são meramente temporárias. Em um governo representativo, uma minoria jamais consegue garantir um privilégio exceto quando se alia a outros grupos. As pessoas somente colherão benefícios quando obtiverem o verdadeiro conhecimento.

Antes dos nazistas, a Alemanha era tida como a nação dos poetas e pensadores. Os nazistas desenvolveram uma teoria de proteção total para qualquer tipo de organização nacional e para toda a produção nacional. Eles não perceberam que, se todos são protegidos da mesma forma, todos ganham exatamente o mesmo, por um lado como consumidores, quanto perdem, por outro lado, como produtores. Se isso aconteceu na Alemanha, terra de poetas e pensadores, o que esperar de outros países? As consequências levam ao desejo por outro sistema, e, então, as pessoas votam em um governo que os proteja de sua própria ignorância.

No longo prazo, todos os países devem ser governados segundo as ideias da maioria. Se o governo de um país é contra as ideias das pessoas, mais cedo ou mais tarde a maioria causará um levante revolucionário e eliminará os líderes. Em seu ensaio *Of the First Principles of Government* [*Dos Primeiros Princípios do Governo*], David Hume declarava que, no longo prazo, é a opinião que fortalece o governo. Por essa razão, um governo representativo é bom, pois reflete as opiniões. E a eleição seguinte eliminará qualquer discordância.

Se a maioria é dominada por ideias nocivas, nada pode ser feito, salvo tentar mudar essas ideias – função dos escritores, autores, economistas etc. Infelizmente, há muitos escritores, autores e economistas de má qualidade, mas não há ação mais eficaz que tentar substituir ideias nocivas por ideias boas. No tocante ao Estado, governo e organizações econômicas, a consequência de uma política surgir somente após muito tempo é ela constituir apenas fatos históricos. Como é difícil atribuir ideias a uma causa definida, mudar as ideias pode ser difícil. Ainda assim, a única forma de lidar com ideias nocivas é tentar substituí-las por boas ideias.

Os filósofos sociais e economistas do século XVIII, e principalmente do início do século XIX, acreditavam que o progresso em direção a melhores condições de vida e mais liberdade jamais seria detido. Não previram os eventos de nossa era.

Tudo o que sabemos sobre o futuro só é possível mediante métodos de compreensão histórica, os quais não nos fornecem qualquer certeza. No entanto, tanto o fato de o futuro ser incerto quanto o fato de sermos indivíduos que agem livremente constituem um único fato. Se o futuro fosse conhecido, não seríamos homens, não seríamos livres e não seríamos capazes de tomar decisões e agir. Seríamos formigas em um formigueiro. Há pressões no mundo atual que tentam converter os homens em formigas, mas não creio que essas tendências terão qualquer sucesso!

Palestra

6

Um dos problemas dos economistas é o fato de a terminologia de negócios ter sido desenvolvida antes da teoria econômica, e, por essa razão, a linguagem não é totalmente apropriada para os problemas econômicos. Um exemplo disso, que acarretou sérias dificuldades, é o mercado financeiro.

Ao final do século XVIII, os economistas britânicos identificaram o "mercado financeiro", cujo foco era o empréstimo de dinheiro a empresas. Termos como "demanda por capital" e "oferta de dinheiro"' já eram empregados para definir a demanda e oferta de *empréstimos*. Esses termos estavam tão solidamente estabelecidos que não poderiam ser usados para problemas monetários, ou seja, para tratar da demanda e oferta de *dinheiro* propriamente dito. Pelo contrário, os economistas tiveram de esclarecer que as taxas de juros e a demanda

O Dinheiro
e a Inflação

por empréstimos não dependiam do volume de moeda existente, mas sim de uma demanda por *dinheiro em espécie* independente da demanda por *empréstimos*. A despeito da familiarização com a bolsa de valores e com o mercado financeiro por matérias em jornais, as pessoas ainda não compreendiam essa diferença. Quase todos os jornais usavam essa terminologia para relatar o estado do mercado financeiro, ou seja, do mercado de empréstimos.

  Os economistas esclarecem que há uma demanda e oferta de dinheiro no mercado semelhante à demanda e oferta de qualquer outro produto. No entanto, incidentalmente, observemos que a demanda e oferta de dinheiro não está de forma alguma ligada à demanda e oferta de empréstimos. Vale também observar que a demanda por bens é uma demanda de consumo, diferente da demanda por dinheiro, que não consome ou destrói um item individual. A demanda por dinheiro em si é a demanda por ter "dinheiro efetivo em caixa".

Sendo as condições futuras necessariamente incertas, as pessoas devem ter um montante de dinheiro efetivo em caixa. No entanto, quando as condições são estáveis, as pessoas podem investir uma quantia de dinheiro por algum tempo. Se souberem exatamente quando precisarão de dinheiro, podem planejar a maturidade do investimento para tal data. Mas, não podendo estimar quando terão necessidade, as pessoas precisam ter certo montante "efetivo em caixa", ou então em uma conta bancária. Ninguém pode emprestar ou investir todo o seu dinheiro em espécie.

O dinheiro em circulação é a soma de todo o "dinheiro efetivo em caixa". No tocante ao histórico do dinheiro individual, não há dinheiro que não esteja em posse de alguém. O dinheiro passa de mão em mão. Mas, no caso do dinheiro individual, não existe algo como dinheiro que não seja possuído por alguém ou que desaparece de alguma forma, por exemplo, em um incêndio, que não cause infortúnio a alguém.

Falsas definições, explicações e interpretações incorretas sobre dinheiro se dividem em duas categorias, nas quais o dinheiro é (1) algo com mais valor que uma *commodity*, ou (2) algo com menos valor que uma *commodity*. Na realidade, o dinheiro não tem mais ou menos valor que uma *commodity*, mas compreende tudo o que uma *commodity* é. Como qualquer outra *commodity*, a oferta determina seu valor de mercado e sua demanda significa que as pessoas o consideram útil.

Como há uma demanda por dinheiro "efetivo em caixa" e as pessoas estão prontas para trocar seus bens por dinheiro, o objeto trocado é valorizado por essa demanda. O valor do ouro aumentou quando cresceu sua demanda para fins monetários. Do mesmo modo, o valor da prata subiu mediante sua demanda como dinheiro. Quando as condições monetárias mudaram ao longo do século XIX e a prata perdeu importância como dinheiro, seu valor unitário e poder de compra tenderam a diminuir.

A inflação é um aumento da quantidade de dinheiro sem o correspondente aumento da demanda por quantidade de dinheiro "efetivo em caixa". Não quero dizer que a inflação em si não influencia a demanda por dinheiro. A quantidade disponível e a demanda por mais dinheiro não são variáveis totalmente independentes. A demanda por "dinheiro efetivo em caixa" depende da visão de cada indivíduo sobre as condições futuras – especulações e ideias próprias sobre o futuro.

No início de um processo inflacionário, ou seja, no primeiro patamar de aumento da quantidade de dinheiro sem o correspondente aumento da demanda por dinheiro, o resultado é o aumento nos preços. A seguir, se as pessoas aprenderam algo com a teoria ou a história, elas podem prever outros aumentos em preços e a redução do poder aquisitivo de cada unidade monetária, decidindo então restringir seu "dinheiro efetivo em caixa" ao compará-lo com o que teriam na falta de tal especulação sobre o poder aquisitivo do dinheiro no futuro. Isso dependerá da reação especulativa do público. Por outro lado, se as pessoas acreditarem que os preços cairão, haverá uma tendência a aumentar seu "dinheiro efetivo em caixa" na expectativa de um equivalente aumento em seu poder aquisitivo.

Com certeza, uma mudança inflacionária no poder aquisitivo do dinheiro é motivada pelo fato de poucas pessoas agilmente perceberem o que está acontecendo e, assim, ajustarem suas atividades à política inflacionária do governo. Mas as pessoas têm diferentes graus de rapidez de raciocínio. Durante o período inflacionário pós-Primeira Guerra Mundial, na Alemanha e na Áustria, alguns "especuladores disparatados" foram, por acidente, levados a comprar ações com margem. Não que essas pessoas não fossem inteligentes, mas os bancos foram menos espertos. Os bancos mantiveram as ações comuns, concederam financiamentos e venderam as ações com margem a alguns especuladores. Em bem pouco tempo, os especuladores se tornaram extremamente ricos. Mas também em muito pouco tempo perderam o que tinham ganhado porque não sabiam o que estava acontecendo.

Nem todos desconfiam de seu governo com tal agilidade como esses especuladores. Enquanto os que são capazes de rapidamente prever a inflação constituírem uma minoria e os mais lentos uma maioria, enquanto as donas de casa adiarem suas compras acreditando que os preços cairão, pois assim o afirma o governo, a inflação se manterá. Essa mentalidade é a base, a pedra fundamental da inflação. Quanto mais pessoas perceberem que há algo "suspeito" nas declarações do governo, um dia todos acordarão para a realidade e todo esse esquema ruirá. A mudança é repentina, ocorre na hora em que a dona de casa decide que é melhor comprar agora que esperar até amanhã ou um futuro próximo, quando os preços estarão ainda mais altos. Na Alemanha, após a Primeira Guerra Mundial, esse fenômeno era denominado *Flucht in die Sachwerte* – "lance em direção aos verdadeiros valores", algo característico de todo processo inflacionário que não é detido a tempo.

O primeiro período desse processo pode durar muitos anos; o governo, então, sai vencedor. O segundo período dura pouco, no entanto. Na Alemanha, o primeiro período foi de 1º de agosto de 1914 até o final de setembro de 1923; o segundo durou três ou quatro semanas e se caracterizou pelos trabalhadores receberem seu pagamento adiantado todas as manhãs. Suas esposas os acompanhavam ao trabalho, cada homem recebia seu pagamento e imediatamente o dava à Sra. X, a qual se dirigia ao estabelecimento mais próximo para comprar – qualquer coisa – e assim usar todo o dinheiro. Comprar qualquer coisa era melhor que guardar o dinheiro, que já teria perdido valor no dia seguinte.

Essas "aventuras" inflacionárias ocorreram várias vezes no curso da história, mas a maioria foi detida por seus governos antes do segundo período. Os três principais períodos inflacionários que seguiram tal curso foram (1) os Estados Unidos, com a moeda continental, em 1781; (2) a França, em 1796; e (3) a Alemanha, em 1923. Países menores, como a Hungria, também viveram períodos inflacionários, porém não tão significativos.

A situação dos estados sulistas com sua Moeda Confederada em 1865 era um pouco diversa. Poderia ser argumentado que era diferente porque o governo confederado quebrou quando seus exércitos foram derrotados.

No século XX, Karl Helfferich (1872-1924), excelente escritor e talentoso economista que, no entanto, não tinha as qualidades que fazem um homem defender suas opiniões em público, inventou um *slogan*: o dinheiro da nação vitoriosa será o melhor e guardará seu valor após o final de uma guerra. Mas isso não ocorreu na história. Nos Estados Unidos em 1781, as colônias venceram um grande país, a Grã-Bretanha, mas a moeda continental se degenerou. Também em 1796, mesmo com bem-sucedidas campanhas militares, a França foi vítima da inflação. Helfferich cometeu duplo engano no caso da Alemanha – primeiramente, ao crer que a Alemanha ganharia a Primeira Guerra Mundial, e, em segundo lugar, ao crer que sua moeda, a moeda da nação vitoriosa, teria necessariamente algum valor. Helfferich não conseguiu perceber que não importa se um país é pobre ou rico – no tocante à inflação, o que importa é sua base financeira, para conseguir colocar mais dinheiro em circulação.

Todo processo inflacionário que não é detido a tempo compreende dois períodos – o indesejável e catastrófico *boom* da rachadura econômica e a inflação descontrolada. É uma lei econômica que determina que as coisas aconteçam assim. A duração do primeiro período depende de condições que podemos chamar de psicológicas, do julgamento, da mentalidade das pessoas e de sua confiança em seu governo, das ideias pseudoeconômicas com as quais foram doutrinadas. Sendo assim, é impossível estimar a duração do primeiro período.

Os alemães foram definitivamente doutrinados, confiavam em seu governo. Mesmo em 19 de outubro de 1918, eles acreditavam em sua vitória e na segurança de sua moeda. Culparam os especuladores pela alta do dólar norte-americano. Os simplórios fazendeiros do século XVIII nos Estados Unidos e na França tinham um julgamento mais esclarecido sobre essas questões que os banqueiros alemães. Não nos esqueçamos de que os bancos alemães quebraram nesse período por ignorarem os problemas envolvidos na inflação.

Isso explica por que o controle de preços não funciona. O governo aumenta a emissão de dinheiro. Isso gera inflação. Todos têm mais dinheiro em mãos que antes, o que resulta em os indivíduos terem mais dinheiro para seu consumo diário. Eles veem esse dinheiro como mais dinheiro "efetivo em caixa". Caso decidam não comprar bens de luxo, podem investir uma parte do dinheiro. O homem mais simples investe em poupança ou em um seguro, enquanto grandes empresas aportam esse montante direta ou indiretamente no mercado de empréstimos. Por algum tempo, o governo consegue manter os preços baixos, mas esse controle não elimina o perigo. Ao tornar a compra mais fácil para o povo, o governo aumenta o dinheiro no bolso dos indivíduos e o torna disponível para outras compras.

As inflações das duas Grandes Guerras neste país foram relativamente amenas, pois uma boa parcela dos trabalhadores que tinha ganhado algum dinheiro adicional conseguiu aumentar seu "efetivo em caixa" durante a guerra. O pequeno trabalhador realmente aumentou seu efetivo em caixa prevendo algum movimento pós-guerra e porque alguns bens estavam indisponíveis durante o conflito – rádios, refrigeradores, automóveis etc. Essa é uma característica do primeiro período de inflação. Lembrem-se da dona de casa que diz: "Vamos guardar o dinheiro, no ano que vem os preços estarão mais baixos". Mas, assim que as pessoas descobrirem que as coisas podem ser diferentes, a catástrofe pode ocorrer.

Essas considerações sobre o homem simples podem tornar a situação crítica e perigosa.

Hoje [1951] ainda há forte resistência à inflação, e muito se fala sobre a necessidade de conter a inflação. É verdade que 90% do que se fala são disparates, como planos para esconder os efeitos inevitáveis da inflação causada pelo controle de preços. No entanto, enquanto houver tal resistência e o governo e o Congresso forem forçados a admitir o perigo de inflação, esse perigo ainda não é tão sério. O colapso ocorre quando autoridades governamentais não mais se preocupam com o que acontece e temem não estar mais no controle no futuro.

Durante a última Grande Guerra, na maioria dos países, os economistas não podiam comentar o que estava acontecendo em seus próprios países devido à censura, ou por estarem no exército. Mas nem todos os países se envolveram na Primeira Guerra Mundial. Na Suécia, que se manteve neutra, o economista professor Gustav Cassel (1866-1945) teve o privilégio de visitar a Alemanha por uma semana e a Inglaterra na semana seguinte e, entre um país e outro, a Holanda e a Bélgica. Ele escreveu sobre o que viu e disse aos alemães: "Vocês estão inflacionando sua moeda e seus lucros são irreais, ilusórios". Ele ainda afirmou que os alemães precisavam retirar todo o dinheiro adicional do sistema via (1) impostos e (2) empréstimos. Mas os alemães não tiveram coragem de taxar aqueles que tinham recebido algum dinheiro adicional. Tentaram, então, taxar o excesso de lucros, e isso removeu uma pequena parte do dinheiro adicional no sistema. Aplicaram também essa medida aos empréstimos – para adquirir um empréstimo de 100 marcos, o cidadão tinha de pagar somente 17 marcos, e os outros 83 marcos eram fornecidos pelo governo via emissão de cédulas de marcos. Dessa forma, toda nova emissão de títulos significava um aumento na oferta total de moeda no sistema. Isso nos mostra como até o melhor conselho é inútil para pessoas que mantêm ideias radicais.

Quero agora tratar do segundo problema. Na segunda metade do século XVIII, a Grã-Bretanha usava o padrão-ouro, evidenciado pelo uso de moedas de ouro em transações diárias. Eram também usadas notas do Banco da Inglaterra e se iniciou o uso de cheques. As notas eram usadas como substitutos da moeda, resgatáveis imediatamente sem qualquer demora ou desculpa. O padrão-ouro existia na Inglaterra no século XVIII e foi adotado ao longo do século XIX pelos principais países europeus – França, Alemanha, Holanda, Bélgica e países escandinavos.

Adam Smith havia sugerido que, se todas as viagens pudessem ser feitas por ar, a terra seria usada de forma mais produtiva, com estradas e agricultura. Nessa mesma linha, os economistas começaram a questionar se a humanidade precisava dedicar parte de sua labuta e preocupação à produção de metais preciosos para manter uma moeda sólida. Se uma moeda pudesse ser mantida com menos gastos, ela seria mais vantajosa. Em 1819, Ricardo argumentou que era possível livrar-se das moedas de ouro e ter somente notas bancárias resgatáveis – não em moedas, mas em lingotes, reservas de ouro. Essas reservas de ouro poderiam ser usadas em transações internacionais, reduzindo assim o dinheiro usado na produção de moedas de menor valor. Por mais de sessenta anos, a sugestão de Ricardo continuou como "letra morta".

Na década de 1870, países com dificuldades financeiras, mas que ainda desejavam manter o padrão-ouro da forma mais barata possível, descobriram a solução de Ricardo e a denominaram "padrão-ouro de troca". No final do século XIX e início do século XX, muitos países adotaram esse padrão, que diferia somente em grau do padrão-ouro clássico. Em nome do povo norte-americano, o professor Jeremiah Jenks (1856-1929) da Universidade de Nova York, estudou o padrão-ouro de troca no Extremo Oriente – na Malásia, nas Índias Ocidentais Britânicas etc. Ele e seu assistente, professor Edwin Walter Kemmerer (1875-1945), ficaram entusiasmados. As pessoas não viam nada questionável em sua teoria. Não posso dizer que me entusiasmei, mas não conseguia identificar qualquer razão para esse padrão não ser adotado. Um economista alemão declarou que, ao concentrar todo o ouro nas mãos do governo, tudo seria mais fácil em épocas de guerra. Mas isso só torna as coisas mais fáceis para o governo manipular a moeda, o que sempre significa reduzir seu valor, preparando assim o caminho para a inflação. Quando um país tem um padrão-ouro de troca e nenhum ouro em circulação, ninguém percebe o que significa quando o governo declara que as notas bancárias não são mais resgatáveis.

Quando a Primeira Guerra Mundial foi deflagrada, todas as nações abandonaram o padrão-ouro de troca. Ainda havia uma boa quantidade de ouro em circulação, mas não tanto assim. Até mesmo nos países com o padrão-ouro haviam gradualmente aderido ao padrão-ouro de troca com notas não resgatáveis. Logo o padrão-ouro de troca sem notas resgatáveis com moeda fiduciária foi decretado em todos os países. Após a guerra, todos os países ansiavam pela volta ao padrão-ouro com notas resgatáveis o mais brevemente possível. No entanto, a maioria somente usou o padrão-ouro de troca ao tornar a moeda doméstica resgatável somente para o câmbio exterior, e oferecendo moeda estrangeira às pessoas em vez do ouro. Mas em 1929, com a crise, as pessoas começaram a reivindicar algo diferente.

O padrão-ouro de troca com paridade flexível ficou conhecido como "padrão flexível". Quando os bancos emitiam notas bancárias, na verdade resgatavam o dinheiro. Uma discrepância de um décimo na paridade do resgate das notas era considerada escandalosa. (Incidentalmente, na década de 1870, o sistema bancário francês estava centralizado em Paris e o ouro se encontrava também em Paris, que se encontrava nas mãos dos comunistas. Mesmo assim, um desvio fixo na paridade da ordem de 5% era considerado deplorável. Hoje [1951], uma moeda é considerada estável se o desvio é mantido até 20%). O resgate de suas notas pelo banco central era controlado pelo público, pois todo banco central era obrigado a publicar uma declaração financeira semanal descrevendo o cenário completo.

Passo a passo, os governos conseguiram substituir o padrão outro de troca pelo padrão flexível, o que significava que a paridade não era mais determinada pela lei, mas talvez por um burocrata. Transações bancárias foram transferidas do banco para uma nova agência, que na Grã-Bretanha era denominada Conta de Equalização de Câmbio. Inicialmente, a paridade não foi mais fixada como antes, mas mantida em sigilo. De tempos em tempos, os jornais publicavam uma nota dizendo que a moeda estava mais fraca, o que significava que os burocratas haviam alterado um pouco a paridade. Com o tempo, essa alteração foi se tornando maior, dependendo do país e de outros detalhes, mas podia ocorrer até mesmo em um país claramente democrata. Na Suíça em 1936, a despeito de garantias de que o franco suíço não seria desvalorizado, essa medida foi oficializada em meia hora em uma reunião do Parlamento. Não havia outra escolha: as políticas anteriores, como os subsídios à agricultura, à indústria de relógios, aos hotéis etc., colocaram o Parlamento na berlinda, e, mesmo sendo uma democracia, as mudanças foram efetivadas por atos administrativos.

O padrão flexível foi veementemente defendido por Keynes e seus seguidores, mas desapareceu assim que algo "mais interessante" surgiu – o retorno da Grã-Bretanha ao padrão-ouro a US$ 4,86, em abril de 1925, o que acarretou alta nos preços dos importados, redução na exportação e desemprego. Em 2 de setembro de 1931, a Grã-Bretanha abandonou o padrão-ouro e decidiu permitir a flutuação do valor da libra esterlina. Mas seu valor caiu.

O dinheiro é como qualquer outra *commodity*. E, como não há fronteira alfandegária entre os bairros de Manhattan e Brooklyn, os preços aumentam entre os dois bairros motivados pelos custos de transporte. Se houvesse uma barreira alfandegária, as condições seriam diferentes. O mesmo ocorre com o dinheiro. Se o Brooklyn tivesse um sistema monetário diverso do de Manhattan, a taxa de câmbio entre as duas moedas seria estabelecida a tal patamar que não haveria qualquer diferença entre adquirir essa *commodity* em uma ou na outra localidade. Mas, tão logo houvesse alguma diferença, uma oportunidade de negócio vantajoso surgiria e perduraria até que tal diferença desaparecesse.

O mesmo se aplica à desvalorização da moeda na Grã-Bretanha em 1931, quando o padrão-ouro foi abandonado, e à desvalorização que ocorreu dois anos antes [18 de setembro de 1949], quando a taxa caiu de $4,03 para $2,80. Mas esses dois eventos são absolutamente diferentes, nada têm em comum. Em 1931, quando o padrão-ouro foi abandonado, houve uma queda no volume de moeda estrangeira ou ouro que o detentor de uma nota bancária britânica obteria. A intenção era, então, manter a moeda britânica estável em relação à moeda estrangeira. O governo assumiu o monopólio do câmbio estrangeiro e das transações com o ouro, assim como o direito de expropriar o câmbio estrangeiro. Ao revalorizar a moeda, sua intenção era, por um lado, mudar a taxa pela qual os britânicos detentores de moeda estrangeira seriam indenizados, e, por outro, a taxa pela qual o importador receberia seu câmbio estrangeiro do governo britânico.

Há dois anos, na Grã-Bretanha, a paridade de $4,03 era um fato histórico como qualquer outro; uma paridade *de facto* – uma norma legal para a expropriação de britânicos que possuíam moeda estrangeira e o preço que haviam pago por tal moeda. Mas a libra no mercado internacional valia aproximadamente $3,00. Em um tratado com os Estados Unidos, o governo prometeu que, em uma data estipulada, começaria a resgatar sua moeda contra o ouro, dólares etc.

Mas o governo britânico tinha "sábios" consultores bancários que não haviam considerado a extensão de tal medida. Se o dinheiro pudesse ser resgatado em Londres, a relação seria de três para quatro; ou seja, qualquer pessoa no mundo poderia comprar uma libra por $3,00 fora do Reino Unido e, a seguir, vender a mesma libra a $4,00 na Grã-Bretanha. Após quatro ou seis semanas, descobriram que essa situação não era nada realista.

Palestra

7

A questão que desejo abordar esta noite apresenta uma excelente oportunidade de ilustrar um dos pontos das palestras epistemológicas – a diferença entre ideias econômicas e julgamentos de valor. Como indivíduo, tenho uma ideia bem definida do problema político envolvido. O importante é que todos que desejem chegar a algum julgamento de valor devem saber por que agem desta ou daquela forma e compreender as consequências de suas ações.

O problema é como retomar o padrão-ouro e qual paridade nos Estados Unidos deve ser efetivada. Supomos que *devemos* retomar esse padrão. Um sistema de moeda fiduciária não pode persistir para sempre e deve chegar a seu termo. O padrão-ouro nas atuais condições é o único padrão que determina o poder aquisitivo da moeda

O Padrão-ouro: Sua Importância e sua Retomada

independentemente das ideias em constante mudança dos partidos políticos, governos e grupos de pressão. A questão é como conduzir a retomada do padrão-ouro: aceitando o preço de $35 a onça? Ou permitir que as condições do mercado, na época da transição, determinem o preço da onça?

Primeiramente, todos nós precisamos ter ciência da importância de tais problemas, já que mudanças no poder aquisitivo da unidade monetária necessariamente trazem consequências sociais no tocante à renda e riqueza de vários membros da sociedade. Se as mudanças resultantes de uma diferente relação da moeda, ou seja, por um aumento ou decréscimo na quantidade de moeda em relação a bens e serviços, afetariam as várias *commodities* e serviços com a mesma intensidade e ao mesmo tempo, então as únicas consequências seriam suas repercussões em antigos contratos de pagamentos diferidos, empréstimos etc.

Analisemos as consequências sociais das irregularidades e da falta de sincronização na mudança do poder aquisitivo, acarretadas pela inflação ou deflação. Se ocorressem em todos os lugares ao mesmo tempo e com a mesma intensidade, em uma dada manhã as pessoas descobririam que o poder aquisitivo de sua unidade monetária teria mudado da noite para o dia. Caso contrário, não haveria diferença. Os preços dos serviços também teriam mudado na mesma medida e direção.

Na inflação, uma quantidade adicional de dinheiro entra no sistema econômico pela riqueza ou renda de determinados indivíduos. Se o governo imprime cédulas, ele é o primeiro a ter a nova moeda em mãos. Novas ofertas e demandas aumentam os preços dos produtos que o governo deseja adquirir. As pessoas que vendem as *commodities* e serviços almejados pelo governo aumentam seu preço de venda. Assim, trabalhadores e empresários da indústria de munições e soldados, todos receberão mais do que receberam ontem. Essas pessoas, em cujo caixa o dinheiro adicional entra, estão em posição de oferecer mais dinheiro por suas compras. Elas têm mais dinheiro e mais renda. Consequentemente, podem gastar mais e oferecer preços mais altos pelas *commodities* que compram. Mas essas pessoas não compram todo tipo de coisa. Compram bebidas, talvez, mas não livros.

Temos também um segundo grupo beneficiado pelo aumento no efetivo de dinheiro. Digamos que os fabricantes de bebidas estejam ganhando mais pelos serviços e *commodities* que vendem. Os membros deste segundo grupo estão em posição favorável, pois os serviços e *commodities* que desejam adquirir não foram afetados. Mas outros indivíduos

– professores e ministros, por exemplo – ainda recebem seus salários no valor que recebiam antes. A despeito de o dinheiro adicional não ter afetado os serviços que vendem, eles agora pagam mais pelas *commodities* pelas quais outros dão "lances" mais altos.

Em tal período inflacionário, há muitos perdedores e ganhadores. Os ganhadores são os trabalhadores na indústria de munições, aqueles que vendem os produtos cujo preço aumentou antes do preço das *commodities* que estão comprando. Enquanto isso perdurar, problemas surgirão todos os dias. Os vencedores se contentam e se calam. Não escrevem "cartas ao editor" para louvar essa ocorrência. Os que trabalham com entretenimento, bebidas etc. fazem grandes negócios nesse período – eles são vencedores – e também não se vangloriam, simplesmente desfrutam de sua prosperidade e gastam. Os perdedores têm uma atitude totalmente diversa. Sentem sua desvantagem. A dona de casa cujo marido ainda ganha o mesmo salário, mas tem o mesmo número de bocas para alimentar, está em desvantagem. Enquanto a inflação perdurar e mesmo por um bom tempo em seguida, teremos perdedores e vencedores, já que desajustes existem. Mas alguns só prestam atenção às vozes dos perdedores em público.

Na deflação, o mesmo ocorre, mas de forma inversa. Há uma redução na oferta de dinheiro. Os que vendem a preços inferiores logo no início são os perdedores, e os vencedores são aqueles cujos preços caem somente no final do período.

Essas mudanças em preços são os efeitos mais marcantes de mudanças inflacionárias e deflacionárias no montante total de efetivo no sistema.

Outra característica da inflação é que todos os pagamentos diferidos mudam de importância. Se na véspera da inflação alguém tomou $100 emprestados e esse valor conseguia comprar dez produtos "A" e, após seis meses, devido à inflação, os mesmos $100 podem comprar somente cinco produtos "A", o que você devolve a seu credor vale menos do que antes. Você antes podia tomar emprestados dez produtos "A", aguardar seis meses e vender então cinco unidades de "A" ao valor de $100 para pagar seu empréstimo. Seu lucro inflacionário líquido seria cinco unidades de "A" valendo $100; e você, como devedor, teria lucro. O homem que guardou dinheiro, o credor, sofre com a inflação. Para lidar com os problemas de hoje, devemos considerar essas questões.

Antes da guerra da Grã-Bretanha contra Napoleão do início do século XIX até 1815, existia na Inglaterra o padrão-ouro clássico: não havia moedas de ouro, havia notas bancárias do Banco da Inglaterra que eram usadas como substitutos da moeda. As notas do Banco da Inglaterra eram resgatáveis em ouro sob demanda. O papel se tornou o substituto do ouro. Como as pessoas conseguiam obter ouro rapidamente, os ingleses aceitavam as notas bancárias sem qualquer hesitação. Isso deu ao governo a ideia de tomar empréstimos do Banco da Inglaterra como a forma mais fácil de obter dinheiro. Assim, a quantidade de moeda doméstica aumentou e os preços subiram. Com a subida dos preços na Grã-Bretanha, mas não em países estrangeiros, os mercadores viram a vantagem na importação, e, para pagar pelos produtos importados, tinham de exportar ouro. Assim, mais pessoas solicitaram o resgate de suas notas bancárias, o que alarmou os gerentes do Banco da Inglaterra, temendo a bancarrota. O governo sugeriu uma solução bem simples: promulgou uma lei que redimia o Banco da Inglaterra da obrigação de resgatar suas notas bancárias e suspendia o pagamento em espécie. Sendo assim, essa lei revogou o resgate das notas bancárias.

O governo tomava mais e mais dinheiro emprestado, e essa medida elevou o preço do ouro. Moedas de ouro eram manipuladas com uma bonificação especial. A taxa oficial antes das Guerras Napoleônicas era uma onça de ouro a £3,17s 10½d. Em 1814, pouco antes do final da Guerra, o preço real das notas do Banco da Inglaterra era £5,4s; o preço do ouro tinha subido quase 50% em relação à libra esterlina, ou seja, o valor da libra havia caído.

Depois do final da guerra da Grã-Bretanha contra a França, a Grã-Bretanha decidiu retomar o padrão-ouro. O único método considerado foi deflacionar e adotar novamente a paridade pré-guerra – £3,17s 10½d por onça de ouro. Sendo assim, reduziu-se a oferta de dinheiro no sistema. Para deflacionar, o governo precisa tomar emprestado do público – não dos bancos –, e não pode gastar o dinheiro que obtém, mas tem de destruí-lo. Como podemos imaginar, algo difícil, pois raros serão os ministros de finanças prontos a fazer isso. Mas foi isso que aconteceu na época, porque se acreditava ser a única forma "honesta" e "justa".

Analisemos, então, quão "honesto" e "justo" esse método é. Se um homem tivesse contraído um empréstimo antes de 1797 e não tivesse liquidado seu empréstimo, poderíamos afirmar que ele deveria liquidá-lo ao valor estabelecido antes da guerra. No entanto, não esqueçamos de que muitas pessoas haviam tomado dinheiro emprestado durante a suspensão do pagamento em espécie pelo Banco da Inglaterra. Muitos fazendeiros ingleses, em particular, que desejavam melhorar suas propriedades para auxiliar a Inglaterra durante a guerra quando a importação não era fácil, haviam hipotecado suas fazendas e recebido as libras desvalorizadas. E então apareceu uma lei que os obrigava a pagar sua hipoteca a um valor bem mais "pesado". Isso era "honesto"? Isso era "justo"?

Havia mais um fator complicador para esses fazendeiros. Quando a paz retornou, as importações aumentaram e eles tinham de competir contra um maior número de produtos importados que antes da guerra. Se, por um lado, suas dívidas e juros aumentavam e o principal diminuía, o preço de seus produtos caía. Esses dois fatores contribuíram para uma tremenda crise agrícola na Grã-Bretanha nos anos 1820. Entre as principais consequências dessa crise estava a intensificação das "Leis do Milho", que foram posteriormente abolidas na década de 1840.

O governo também era um tomador de empréstimos e tinha contraído empréstimos a valores mais "vantajosos". No entanto, segundo a nova lei, o governo – representando pelos contribuintes – tinha agora que pagar seus débitos com uma moeda cujo valor era "pesado". Dessa forma, as pessoas que compraram títulos do governo receberam o privilégio de resgatar os títulos com libras valorizadas.

Outras consequências das mudanças nos preços afetaram "ganhadores" e "perdedores", na medida em que impulsionaram a inflação na Grã-Bretanha, liderada principalmente pelo assim denominado "Birmingham Little Shilling Men" [equivalente a "Homens do Xelim Pequeno"]. Após alguns anos, quando todas as mudanças haviam sido efetivadas, a crise passou. Uma parte da nação enriqueceu à custa de outros que empobreceram. Finalmente a Grã-Bretanha voltou a ter uma moeda estável.

Durante a Primeira Guerra Mundial, o governo britânico novamente se viu às voltas com a inflação, com a libra desvalorizada perante seu equivalente em ouro. Após a guerra, o governo desejava retomar o padrão-ouro, mas novamente não percebeu que essa retomada na paridade pré-guerra acarretaria uma sequência de eventos semelhantes aos que sucederam as Guerras Napoleônicas. Não havia desculpas para o Grande Império Britânico não saber como lidar com essa situação, não compreender a teoria, não relembrar a história, sua experiência anterior, e não reconhecer isso. A situação foi mais uma vez habilmente descrita pelo sueco Conde Oxenstierna (1583-1654): *"Tu não sabes, filho meu, com quão pouca sabedoria o mundo é governado".*

Em 1922, *Lord* Keynes já havia escrito um livro e admoestado que a estabilidade doméstica é muito mais importante que a estabilidade das taxas de câmbio exterior. Lembro-me de uma conversa que tive, muitos anos antes de isso acontecer, com um banqueiro britânico, não um agitador socialista, que me disse: "Jamais os britânicos terão de pagar taxas de juros mais altas que o valor do ouro aos usuários do mercado mundial para manter a moeda britânica em paridade". Essas ideias prevaleceram, e o mesmo ocorreu neste país.

Quando a Grã-Bretanha retomou o padrão-ouro após a Primeira Guerra Mundial, o então ministro das Finanças

[1925], Winston Churchill (1874-1965), adotou a paridade vigente antes da guerra, sem considerar que as condições na Grã-Bretanha eram diversas das de outros países. Londres era o centro bancário do mundo antes da guerra, e, por essa razão, as nações estrangeiras mantinham depósitos consideráveis nos bancos britânicos. Com o advento da guerra, os depósitos constituíam "moeda forte", pois os depositantes temiam a inflação e a desvalorização da libra. Ansiavam por sacar seu dinheiro, mas tiveram de esperar, acreditando que a Grã-Bretanha retomaria a paridade anterior à guerra.

Os britânicos não imaginavam a dimensão de sua decisão em 1925, quando retomaram o padrão-ouro. Até o homem mais ignorante na Inglaterra teria sabido que os sindicatos estavam inflexíveis em suas reivindicações por melhores salários e que esses aumentos salariais haviam atingido tal patamar que milhões de pessoas estavam desempregadas. Mesmo assim, diante de tal situação, o governo britânico subiu o valor da libra e tornou a libra "menos valorizada" "mais valorizada", aumentando assim os salários reais dos trabalhadores sem alterar o número de empregos. Como consequência, os custos da produção, que já estavam altos no patamar anterior de salários, tornaram-se ainda mais altos, altos demais para o mercado mundial.

A Grã-Bretanha cometeu um sério erro em 1925 ao retomar a paridade pré-guerra, pois tal medida aumentou a renda de pessoas que haviam comprado títulos ou emprestado dinheiro ao valor da libra "menos valorizada". O governo teve de cobrar mais impostos para pagar pelo resgate dos títulos em libra "mais valorizada". Uma catástrofe. O Reino

Unido não conseguia alimentar e vestir sua população com seus magros recursos domésticos e precisou importar alimentos e matérias-primas, pagando com bens manufaturados, a maioria dos quais produzidos com matérias primas importadas. A situação era tal que o país não era capaz de exportar o suficiente para preservar seu padrão de vida. Além disso, os sindicatos não aceitariam um corte nos salários.

Para evitar ferir os interesses dos que emprestavam libras "mais valorizadas", não teria sido necessário retomar a paridade pré-guerra, mas sim conseguir que um empréstimo contratado em 1910 fosse pago em um número maior de libras do que o contratado. Apesar de tal medida poder ter ajudado, não teria sido necessariamente "justa" ou "honesta", pois os títulos poderiam ter trocado de mãos diversas vezes.

Com os problemas que foram surgindo, o governo capitulou em 1931 e desvalorizou a libra quatro vezes mais do que havia desvalorizado antes de 1925, ou seja, a Grã-Bretanha, ainda importante nação credora, deu de presente centenas de libras aos devedores estrangeiros, que, depois de 1931, podiam pagar suas dívidas ao país com libras "menos valorizadas". Que estadistas eram esses? Winston Churchill, como ministro de finanças, era muito mal assessorado.

Nos Estados Unidos temos a questão de como retomar o padrão-ouro. Creio não haver qualquer dúvida sobre a necessidade de tal medida. Mas a questão é: a qual paridade? Deveria a paridade ser determinada pela estabilização da moeda, pela abolição das leis que proíbem manter ouro em caixa ou cortando o aumento de dinheiro no sistema? Em pouco tempo, após regatear um pouco, haveria um preço mais ou menos estável para o ouro que não afetaria o poder aquisitivo desse metal. Seria possível, então, retomar o padrão-ouro. Ignorando o problema dos antigos débitos, essa medida não alteraria nada – não destruiria todo o sistema econômico.

No entanto, há vários homens eminentes entre a minoria que é a favor de retomar o padrão-ouro por dinheiro em espécie à taxa de $35 a onça. Eles argumentam que essa é a solução "honesta". Não sei por que esses cavalheiros apontam o valor de $35, mas precisamos estabilizar a atual paridade libra-ouro sem deflação. Resgatar o padrão-ouro a $35 a onça causaria deflação, pois hoje [1951] $35 não é mais considerado o valor equivalente, já que o preço do ouro é bem superior, como pode ser visto na cotação do dólar norte-americano na Suíça e em outros países neutros. Se o governo retomasse a paridade de $35, haveria uma enorme retirada de ouro deste país, o que tornaria a medida bastante impopular.

Mesmo se for decidida a deflação após considerar todas as suas grandes desvantagens, se for decidido retomar um valor antigo que representa somente um valor teórico, por que então voltar ao valor do *New Deal*, que jamais representou algo além do que um espectro nos livros de direito e nunca teve qualquer valor real para os norte-americanos? Por que não resgatar o valor original do dólar – $20,67 –, por que somente o dólar do *New Deal*? Eles dizem que é um dólar estatutário. Naturalmente, $35 é a taxa para estrangeiros, não para o povo norte-americano – é uma ofensa criminal um cidadão possuir ouro –, taxa que serve de base para transações governamentais internacionais (a proibição ao cidadão de possuir ouro foi revogada desde então. Em janeiro de 1975, os norte-americanos reconquistaram a liberdade de comprar e possuir ouro). Muitos produtores de ouro foram forçados a vender o metal, mas US$35 não é a real paridade de mercado para o ouro. Não entendo por que alguém desejaria arriscar o desastre do movimento deflacionário sendo a deflação tão impopular. Mesmo sendo essa impopularidade exagerada, a medida não funcionaria pelo fato de as pessoas se oporem tanto.

Vejo somente uma forma de retomar o padrão-ouro – abolir as leis contra a posse de ouro, resgatar o mercado de ouro e identificar qual taxa o mercado estabelece por si. Assim, causaríamos a menor ruptura possível. A maior parte do ouro está fora deste país, o governo poderia se manter "neutro" por algum tempo, sem atuar no mercado de ouro. Haveria uma queda no preço do ouro no mercado negro, mas ninguém poderia prever qual seria o preço livre do ouro – eu diria algo entre $38 e $40. Teríamos um padrão-ouro.

Como cidadão, tenho uma opinião. Não considero errado ou desonesto defender o resgate do ouro a $35 a onça, mas creio que vocês vivam em um mundo ilusório se acreditam ser possível apresentar ao povo americano um programa deflacionário com a mesma função do retorno à taxa de $35. Tal cifra nada mais é que a taxa proposta pelo Sr. Morgenthau (1004-1980, Secretário do Tesouro durante o *New Deal* do governo de Franklin Delano Roosevelt]). Por que adotar o dólar do *New Deal*? Se conheço bem os defensores dessa medida, não são ardentes defensores do *New Deal*. A taxa de $35 a onça foi implantada em 1934, mas dezoito meses já se passaram desde então.

Algumas pessoas creem que a deflação cura a inflação, mas isso equivale a sugerir curar um homem que foi atropelado por um automóvel a toda a velocidade e fazer o carro voltar e passar por cima do homem novamente.

Concordo que seria difícil retomar o padrão-ouro. Mas o primeiro passo é restabelecer o mercado de ouro, pois, ao final, um preço seria determinado. No início, o governo poderia declarar que não mais venderia ouro a preço diverso do que teria vendido na média, digamos, dos últimos dez anos.

Os Estados Unidos abandonaram o padrão-ouro por acreditarem que a inflação era benéfica. Queríamos ajustar o padrão segundo o preço, imitamos a Grã-Bretanha, que abandonou a velha paridade em 1931. Seguiu-se a depressão e o desemprego nos Estados Unidos e, consequentemente, o ajuste dos salários para baixo. Mas isso não ocorreu. As desvalorizações de 1931 na Grã-Bretanha, de 1934 nos Estados Unidos e de 1935 no Sindicato Monetário Latino ocorreram porque os governos e os cidadãos foram fracos demais para resistir aos sindicatos trabalhistas, os quais acreditavam que, quanto mais altos os salários, melhor a qualidade do trabalho. Mas, se os salários forem aumentados acima das taxas de mercado, o resultado será o desemprego permanente. Não acreditem que sou a favor de baixos salários, mas os baixos salários foram as consequências necessárias e inevitáveis do aumento das barreiras comerciais no mundo e do maior consumo *per capita*. As tarifas reduzem a produção em todo o mundo e causam a redução dos salários. Os preços são ajustados segundo o padrão. Barreiras comerciais mudam. A produção se desloca dos lugares onde menos insumos geram maior produção para lugares onde o processo inverso ocorre.

Digamos, por exemplo, que, se o governo português aumentar as tarifas de um produto que os britânicos costumavam exportar para Portugal, e, consequentemente, Portugal desenvolver uma indústria desse tipo para a qual as condições em Portugal são desfavoráveis e onde os custos da produção são maiores; e os britânicos forem forçados a limitar suas exportações e desenvolver outras indústrias para as quais as condições na Grã-Bretanha sejam desfavoráveis, o resultado será uma queda geral na produtividade em todo o mundo. Tal queda será acompanhada da necessidade de consumir menos, o que para o trabalhador significará salários mais baixos. Mas não se pode aumentar salários com piquetes; piquetes não mantêm os salários altos.

Sendo assim, se dissermos que um país pela primeira vez abandonou o padrão-ouro quando não havia nenhuma razão para isso na história mundial, eu diria que não foi precisamente a primeira vez que isso aconteceu.

A quantidade de reservas de ouro não importa. Não havendo uma razão especial para redução das reservas, devemos efetuar essa transição ao padrão-ouro a uma taxa tal que as atuais transações não alterem a quantidade de ouro. O principal ponto é identificar a paridade que o mercado consegue manter sem a transferência de ouro.

O mercado negro é um mercado. Não há nada "negro" nele. O preço de um mercado negro considera os riscos. Quando a característica "negro" é removida, os preços provavelmente caem. Assim acontecerá com o ouro.

Não creio no perigo iminente da inflação desenfreada, pois há pessoas poderosas que se opõem a isso e tentarão evitar a inflação. Sou a favor de moedas de ouro para que os indivíduos se sintam responsáveis e percebam o mais sutil sinal de volta da inflação. O fato de um cidadão perceber quando a situação muda é um dos mais importantes controles da Constituição contra a inflação.

O mundo usa o padrão-ouro, mas os Estados Unidos usam o padrão papel. Retomar o padrão-ouro é possível em termos econômicos, mas não em termos políticos. O atual governo se apoia em gastos domésticos de tal magnitude que as pessoas não praticam a oposição ativamente e o governo sempre inflacionará. A vantagem do padrão-ouro é que o poder aquisitivo depende de condições que não estão sujeitas a governos, partidos políticos ou mudanças de códigos, crenças ou desejos.

Não há nada divino no padrão-ouro, mas há razões para usá-lo. O padrão-ouro é uma instituição humana, e foi adotado ao longo da história por ser capaz de evitar que o governo aumente a quantidade de dinheiro pela inflação.

É impossível manter uma moeda fiduciária estável. Um hábil economista, por vezes fantástico, o saudoso Irving Fisher (1867-1947), estava convencido de que o poder aquisitivo do dinheiro pode ser mensurado. Ele descrevia a cesta de uma dona de casa cheia de compras que totalizavam $10 e acreditava que o objetivo de manter o poder aquisitivo estável era permitir que a unidade monetária sempre pudesse comprar o mesmo sortimento de várias *commodities*. Isso é fantástico se você sempre escolher um comprador padrão durante curto período de tempo, pois pessoas compram itens diferentes umas das outras e também em épocas diferentes ao longo de suas vidas. Quanta gasolina uma avozinha, por exemplo, compra? E quanta comida de bebê os universitários compram?

Irving Fisher, no entanto, não considerou a irregularidade e abordou somente mercados como o de pagamentos diferidos. Começou argumentando que a queda do poder aquisitivo não resultava do favorecimento aos credores, algo notável porque poucas pessoas se colocam a favor de credores. Geralmente as pessoas consideram um movimento regular de redução do poder aquisitivo que favorece os devedores.

Uma moeda estável é aquela cujas alterações no poder aquisitivo se processam gradualmente, de modo a não causar grandes impactos nos negócios.

Gladstone (1809-1898) disse que nem mesmo o amor tinha levado as pessoas a cometer tantas loucuras como o dinheiro.

Palestra

8

O início dos substitutos da moeda é bastante conhecido. Na Grã-Bretanha, as pessoas mantinham depósitos de ouro com ourives de Londres. Depois, começaram a usar os recibos dos ourives como substitutos da moeda em transações e efetivos em caixa. A diferença entre um tíquete que confere a uma pessoa o direito a um montante específico de dinheiro e um tíquete que confere a uma pessoa o direito a certa quantidade de pão é que, se ela desejar obter o pão, precisa trocar o tíquete por dinheiro, embora possa usar o tíquete de dinheiro para comprar o pão caso o padeiro considere o tíquete de dinheiro como tendo mais valor e como efetivo em caixa.

A Teoria da Moeda e do Crédito e o Ciclo de Negócios

Os ourives logo descobriram que podiam emitir mais tíquetes de dinheiro, outros substitutos da moeda, do que o montante de ouro que possuíam em reservas. Isso significava um aumento na quantidade de dinheiro da nação sob a forma de meios fiduciários, e certificados de moeda acima da quantidade de suas reservas em ouro. Surgiu então um problema, pois os meios fiduciários podem ser gerados a partir de nada; em teoria, não há limite – ou assim parece ser.

A criação dos meios fiduciários representa um fator de carestia nos preços. Se os meios fiduciários aparecerem no mercado de empréstimos como oferta adicional de dinheiro para empréstimos, outro efeito surgirá: maior oferta resultará, imediata e temporariamente, em redução das taxas de juros. Não há qualquer argumento para a taxa de juros ser um fenômeno de mercado real, que emerge das preferências dos indivíduos na ocasião. Isso não constitui unicamente um fenômeno monetário. No entanto, a taxa de juros é afetada pelo aumento de moeda no mercado de empréstimos. Um aumento na quantidade de moeda no mercado de empréstimos acarreta uma queda na taxa monetária dos juros. Como os ajustem ocorrem? Esse é o problema do ciclo de negócios.

Para tratar de substitutos da moeda e meios fiduciários, ou seja, uma oferta de substitutos para o excesso de dinheiro em relação às reservas dos bancos, não podemos esquecer a delicada posição do banqueiro ou banco que emite tais meios fiduciários. Somente se o banqueiro desfrutar da boa vontade das pessoas podemos pressupor que elas aceitarão esses substitutos para a moeda em excesso e não os apresentarão para regaste – isso pressionaria o banco a entrar em falência. É ainda mais importante compreender que, em primeiro lugar, não é fácil fazer as pessoas aceitarem os substitutos da moeda como dinheiro, pois tais substitutos são vistos, primariamente, com desconfiança. As pessoas não os aceitam tão de boa vontade como acontece com substitutos do ouro. É difícil para nossos contemporâneos entender isso, pois surgiram – e nos foram impostos – nos últimos anos substitutos protegidos pelo governo. Adicionalmente, hoje, esses substitutos foram declarados moeda corrente. Sendo assim, se um devedor deseja pagar sua dívida, o credor é obrigado pela lei a aceitar os substitutos da moeda como se fossem dinheiro real.

Os propagandistas que desejavam promover a primazia do governo na emissão de substitutos divulgaram muitas histórias sobre substitutos privados. Tais histórias foram compiladas por um norte-americano anônimo a quem é atribuído o dito "O livre comércio no sistema bancário é o livre comércio em fraude". Os economistas, no entanto, discordam, pois consideram o livre comércio no sistema bancário a única proteção contra a emissão de notas bancárias falsas por parte do governo.

O principal problema é que, infelizmente, todas as pessoas, mesmo na era do liberalismo, assim como os economistas clássicos, consideram a taxa de juros um fenômeno monetário, e não um fenômeno do mercado. Os economistas clássicos explicaram que os preços e salários não eram fenômenos do mercado, mas estavam ansiosos demais por declarar que as taxas de juros também eram um fenômeno de mercado. Esse é um dos pontos fracos da obra de Adam Smith *The Wealth of Nations* [*A Riqueza das Nações*], de 1776. Ele refutou a ideia de que a escassez de moeda pode gerar maus negócios. No entanto, não estava preparado para atacar as antigas leis contra altas taxas de juros, as leis contra a "usura". Jeremy Bentham (1748-1832), em sua obra *Defence of Usury* [*Defesa da Usura*], de 1787, ainda hoje consultada, foi o primeiro a refutar esses antigos conceitos de juros.

As pessoas consideravam as altas taxas de juros uma barreira ao comércio e ao progresso e viam tudo o que pudesse reduzir a taxa de juros como uma benção. Por conseguinte, um maior número de substitutos para uma moeda era visto como uma benção por resultarem em uma menor taxa de juros. Todos os outros elementos permaneceriam iguais se uma oferta adicional de empréstimos por parte de quem emite a moeda (o banco emissor) levasse o credor em potencial a reduzir a taxa de juros para atrair mais tomadores de empréstimos. Este era considerado um fator vantajoso, e a opinião pública se pronunciou a favor de tal medida.

Trágica e fatidicamente, nem todos os liberais compreenderam que a taxa de juros é um fenômeno econômico, e não monetário. Eles não somente deixaram de lutar como até mesmo contribuíram para a criação de mais bancos centrais com privilégios especiais, acreditando que tais bancos reduziriam as taxas de juros. A previsão de queda nas taxas de juros no curto prazo levou a uma expansão do crédito no curto prazo. Porém, com a crise econômica decorrente, inevitavelmente veio a depressão. As pessoas, então, começaram a considerar as depressões periódicas e os ciclos de negócios como características inerentes ao capitalismo. Este tem sido um dos principais argumentos do socialismo e uma das principais causas de as pessoas se tornarem anticapitalistas. O efeito da depressão de 1929 neste país é ainda evidente na interpretação errônea por parte das pessoas.

A crença nas vantagens das baixas taxas de juros tornou a expansão creditícia bastante popular – inicialmente em países capitalistas com um sistema bancário estabelecido. Ao final do século XVIII, a Grã-Bretanha já sofria as consequências das crises econômicas, as quais, posteriormente, começaram a afetar outros países – os países europeus em estágios mais avançados do capitalismo, como Holanda e França – e, a seguir, as cidades-estados mais avançadas da Alemanha, como Hamburgo e Bremen. Tais crises periódicas se alastraram para outros países com a disseminação do capitalismo. Por exemplo, na depressão de 1857, a Áustria ainda estava bem atrasada em relação ao desenvolvimento capitalista e, assim, foi pouco afetada pela depressão. O governo austríaco adotou uma medida espetacular para a época. Por razões políticas, a Áustria queria ajudar Hamburgo, e enviou por trem um carregamento completo de prata, fortemente guardado, para auxiliar o sistema bancário de Hamburgo. Na época, a Áustria ainda estava fora do mundo, mas em 1873, quando veio a depressão, o país estava tão envolvido que Viena se tornou o centro da crise.

Os economistas começaram a questionar as causas das crises. A Lei de Say demonstrava somente o que *não* poderia ser a causa – a superprodução. Pouco depois, um grupo de economistas e banqueiros ingleses compreendeu que o problema era o ciclo de expansão-recessão dos negócios e que a causa da recessão, a depressão, representava uma expansão anterior. Para eliminar a depressão, a expansão econômica anterior e a expansão creditícia bancária deveriam ser eliminadas.

Esta explicação, no entanto, não estava completa, pois tratava somente de condições na Grã-Bretanha e nos poucos países já equipados com um sistema bancário, e pressupunha que o resto do mundo não teria tal expansão creditícia. Por exemplo, a Escola Monetarista argumentava que a expansão creditícia na Inglaterra, resultando em expansão monetária e preços mais altos na Grã-Bretanha, enquanto os preços continuassem estáveis em outras partes do mundo, diminuiria as exportações, e o equilíbrio da balança de pagamentos exigiria que reservas de ouro fossem enviadas da Inglaterra para outras partes do mundo. Os detentores de notas bancárias tentariam resgatá-las, as reservas dos bancos britânicos cairiam e eles precisariam restringir a emissão de notas para proteger sua própria solvência. Isso traria depressão. Certo, mas isso não leva em conta o fato de todos os países poderem expandir suas moedas de modo a não haver uma explicação para a saída do dinheiro.

A teoria da Escola Monetarista cometeu um grande erro – não considerar que não havia qualquer diferença entre a inflação ser causada por notas bancárias ou por cheques. A legislação em 1844, a Lei de Peel, impossibilitou a expansão monetária via notas bancárias na Inglaterra e em outros países que adotassem semelhante legislação. No entanto, a legislação que limitava as notas bancárias nada previa sobre cheques, ou seja, essa lei de 1844 não punha fim às expansões monetárias. Outra expansão monetária, baseada em cheques, surgiu no ano seguinte e levou as pessoas a acreditar que toda essa teoria de nada servia.

A teoria da Escola Monetarista era a base da teoria da quantidade de moeda da Escola Bancária. A Escola Bancária Britânica desenvolveu a teoria segundo a qual há certa demanda de dinheiro por parte das empresas, afirmando que jamais haverá inflação se o banco restringir a emissão de moeda – seja sob a forma de dinheiro, cheques ou notas bancárias –, baseando-se nas "necessidades dos negócios". Suponhamos que o banco de emissão desconte somente letras de câmbio atreladas a uma real transação bancária. Um mercador de algodão vende uma quantidade de algodão a uma fiação, e essa fiação precisa de dinheiro para pagar sua compra. A fiação resgata uma letra de câmbio, que é descontada pelo banco, gerando assim moeda adicional no sistema. Após três meses, quando o algodão cru for convertido em fios e vendido, o empréstimo será pago e o dinheiro adicional desaparecerá. Nesse sistema, acreditou-se que as "necessidades dos negócios" automaticamente podiam produzir a quantidade de dinheiro de que os negócios precisavam.

Essa teoria era tão popular na segunda metade do século XIX quanto era falsa. A ideia de que as "necessidades dos negócios" automaticamente limitariam a geração de moeda adicional é errônea. Aplicada na prática, resultou periodicamente em expansões inflacionárias. Ninguém se preocupava com tais expansões, mas elas eram sucedidas por depressões, e destas ninguém gostava.

Por cinquenta anos não houve qualquer progresso nesse campo. Porém, na segunda metade do século XIX, o economista sueco Knut Wicksell (1851-1926) publicou em 1898 o livro *Geldzins und Guterpreise* [traduzido para inglês em 1936 sob o título *Interest and Prices* – equivalente a *"Juros e Preços"*]. Wicksell salientava que o montante de tais transações de negócios depende do comportamento do banco. Se o banqueiro reduzir a taxa de desconto, o valor que o comprador deve pagar por sua matéria-prima é menor e a transação parece mais lucrativa que a taxas mais altas. Assim sendo, os bancos podem aumentar as "necessidades dos negócios" ao diminuir as taxas de juros. E, com taxas de juros menores, os bancos se expandem, o que causa inflação. Essa teoria foi posta por terra por Wicksell e depois, em 1912, com a publicação de meu livro *Theorie des Geldes und der Umlaufsmittel* [*A Teoria da Moeda e dos Meios Fiduciários*]. Os fundamentos dessa teoria podem ser identificados nas origens da teoria dos juros – William Stanley Jevons e Eugen von Böhm-Bawerk. É a teoria monetária, teoria da circulação, ou teoria austríaca, ou, ainda, do ciclo de negócios.

A Lei de Peel foi promulgada em 1844. A expansão econômica seguinte veio em 1845 e 1846, seguida da depressão de 1847. Em 1848 adveio o *Manifesto Comunista*, argumentando que o sistema capitalista levava a crises periódicas e que cada crise seria progressivamente pior até finalmente acarretar a quebra do sistema capitalista. Em 1857, 1866, 1873 e novamente em 1929, os marxistas esperaram pelo *"der Tag"* – *o dia*. E hoje, em Moscou, Stalin espera e acredita que a crise final do sistema capitalista está próxima. O pior é que muitos economistas também pensam dessa forma. Essa é a filosofia da Liga das Nações e de muitas pessoas "desunidas" das Nações Unidas. Elas não acreditam que as depressões estejam ligadas à expansão creditícia, mas sim a ciclos de negócios inerentes ao sistema capitalista, e que um comitê especial precisa ser formado para combater os ciclos de negócios.

A popularidade inicial da expansão creditícia decorreu do conceito de ser uma benção para todos os países e de que o mundo todo teria taxas de juros baixas. A expansão creditícia era vista como um meio de reduzir as taxas de juros. Os políticos queriam prosperidade para seu país e a população. Os governos queriam manter as taxas de juros baixas; até mesmo Calvin Coolidge (1872-1933), em 1924, queria taxas de juros baixas. Parece-me incrível que, a despeito de todas as tentativas de aumentar e diminuir os salários, subir e baixar preços, nunca houve uma ocasião em que tanto o governo quanto os políticos estivessem a favor de aumentar as taxas de juros. Não que eu seja a favor de altas taxas de juros – sou a favor da taxa de mercado.

Quando os governos criaram os primeiros bancos centrais, o objetivo era gerar prosperidade com taxas de juros baixas. Mas, depois, os governos concederam vários privilégios aos bancos centrais, já que planejavam obter empréstimos e consideravam os bancos centrais uma fonte de dinheiro barato. Uma grande descoberta para os governos. Primeiramente, concederam aos bancos centrais o *status* de moeda corrente às suas notas bancárias e os redimiram da obrigação de manter seus contratos para resgatar suas notas de crédito em ouro ou prata, notas estas que as pessoas haviam aceitado voluntariamente (Quão diferente teria sido o destino de Charles I (1600-1649) – decapitado em 1649 – se tivesse conseguido financiamento para suas campanhas militares sem se preocupar com o Parlamento e os contribuintes).

Quero agora discutir as consequências de taxas de juros artificialmente baixas. Todos concordam que o problema é o ciclo de negócios, a expansão creditícia, que devemos temer a expansão monetária que resulta em depressão. A Liga das Nações publicou um relatório escrito pelo professor Gottfried Haberler (1901-1995) sobre o ciclo de negócios. Em suas páginas iniciais, argumenta-se que a expansão que gera a depressão não aconteceria se os bancos não expandissem o crédito. Ou seja, poderíamos crer que a solução seria fácil – tínhamos unicamente de evitar que os bancos aumentassem suas linhas de crédito ou pelo menos que instituições governamentais adotassem políticas que estimulassem os bancos a expandir suas linhas de crédito. Mas não, buscamos outras explicações para o ciclo de negócios. Os marxistas reconhecem que os juros não podem ser anulados somente com o aumento do crédito, mas negam que a redução artificial dos juros causará resultados perversos. Eles ignoram que as taxas de juros expressam as diferenças entre a valoração de mercado dos bens atuais sobre a valoração de bens futuros.

O que realmente acontece com a expansão creditícia? Por que dizemos que certas coisas não podem ser feitas porque não há capital disponível? Certos projetos que não são viáveis hoje poderiam ser implantados cortando o atual consumo, de modo a permitir que mais produtores desenvolvam bens com investimentos mais duradouros. Todos dão seu quinhão de contribuição para determinar quanto pode ser consumido e quanto deve ser investido. O empreendedor individual tem consciência desse fato, pois considera a taxa de juros. Se as pessoas desejam economizar, a taxa de juros cairá. Mas se, pelo contrário, desejarem gastar mais, a taxa de juros subirá. Em seu planejamento, o empreendedor estima custos e preços, considera os custos da mão de obra, materiais e as taxas de juros. Se concluir que determinado projeto não pode ser executado com lucros, esse projeto não será executado. Muitos projetos não saem do papel quando o capital é necessário para o consumo.

As taxas de juros são reduzidas artificialmente pela expansão do crédito, e um projeto que parecia inviável ontem pode parecer lucrativo hoje. Sendo assim, o efeito da expansão creditícia e da queda das taxas de juros é que certos projetos que não seriam implantados antes são iniciados agora. Se refletirmos, perceberemos que isso não é bom, pois não há qualquer aumento em bens materiais. A única diferença é que o banco emitiu, do nada, mais notas bancárias ou dinheiro a partir de cheques.

Como consequência, os cálculos dos empresários se tornam inverídicos. Embora anteriormente refletissem com precisão as condições dos fatores disponíveis sobre produção e demonstrassem o que poderia e o que não poderia ser feito, agora os cálculos podem ser considerados "falsos" pela existência de substitutos adicionais da moeda e de meios fiduciários. O empresário, então, é levado pelas taxas de juros artificialmente baixas a embarcar em projetos para os quais a oferta disponível de bens capital é insuficiente. (Suponhamos alguém que possua uma quantidade limitada de materiais de construção. O empreiteiro comete um erro em sua estimativa e então, as fundações se tornam maiores que os materiais realmente disponíveis. O empreiteiro deveria ter previsto antes que a quantidade de material não seria suficiente. Agora o construtor tem uma crise para resolver).

Na vida real tudo é mais difícil. A demanda adicional por projetos que não teriam sido realizados anteriormente aumenta os preços dos materiais. É verdade que a taxa de juros está menor, mas os preços estão mais altos. Todo esse processo deve ser estancado se o banco abortar a expansão creditícia que promoveu. Mas o crédito bancário é elástico, e os bancos sempre oferecem crédito adicional.

À medida que os salários sobem, a demanda por bens de consumo também sobe. Mas, como a expansão econômica parece generalizada, o empreendedor decide continuar com o projeto, o que resulta em preços mais elevados para os fatores de produção, incluindo mão de obra. Há também maior consumo.

Igualmente importante é o fato de que os bancos, para lidar com esse aumento de demanda, começam a elevar as taxas de juros. Em todas as crises, pessoas cautelosas avisam os banqueiros de que "Esta expansão é excessiva, deve ser refreada e vocês não devem oferecer crédito a condições tão acessíveis". Mas os bancos retrucam: "Veja, temos taxas de juros mais altas e ainda há mais demanda a despeito dessa taxa elevada. Ou seja, vocês não podem dizer que nossa política de oferecer crédito barato é responsável pela expansão econômica".

A relação entre as oscilações de preços e as taxas de juros também foi discutida por Irving Fisher. Em um período de alta de preços, os credores têm lucros ao não emprestar e ao comprar e vender bens. Por outro lado, os devedores saem ganhando ao pagar seus empréstimos, pois o preço dos bens que adquiriram com o dinheiro que tomaram emprestado está agora mais alto. Sendo assim, quando há tendência de alta de preços, a taxa de juros é elevada a porcentagens superiores às taxas reais. Essas porcentagens maiores são denominadas "preço relativo". Consequentemente, uma taxa considerada matematicamente superior se comparada à taxa anteriormente em vigor é ainda inferior ao que deveria ser, considerando a taxa de juros mais o preço relativo. (Em 1923, na Alemanha, o *Reichsbank* elevou a taxa de desconto a inacreditáveis 90%, quando o preço relativo na ocasião era tal que a taxa de desconto deveria ter sido em torno de 10.000%).

Durante um período de especulação, os preços das ações na Bolsa sobem. Todos se entusiasmam, e mesmo quem não conhece nada sobre a Bolsa compra ações. Qualquer um pode obter crédito. Esses sintomas, assim como o processo de ruptura e as consequências de uma expansão monetária, são todos bastante conhecidos. O problema é como os eventos acontecem e o que torna toda essa situação inconsistente.

Em 1929, havia expansão creditícia neste país e o dinheiro estava mais barato. Foram concedidos empréstimos a outros países e a balança comercial ficou positiva, com os Estados Unidos exportando mais que importando, pois os outros países não precisavam pagar em dinheiro – podiam pagar com títulos. O "iníquo" sr. Schacht[11] tinha mais ciência do que estava acontecendo que o grande Banco de Nova York. Qualquer pessoa que precisasse de dinheiro conseguia um empréstimo. (O dinheiro estava tão fácil que uma cidadezinha na Silésia, por exemplo, construiu um lago aquecido para plantas tropicais).

Costuma-se dizer que a característica de uma expansão monetária é o *excesso* de investimentos. Isto é impossível, pois os valores disponíveis para investimentos são (1) as economias de anos anteriores e (2) a parcela da produção do ano anterior que equivale aos equipamentos utilizados e disponíveis para substituir ferramentas desgastadas. (A substituição de maquinário antigo pode ser feita por máquinas melhores ou diferentes, permitindo a muitos produtores alterar completamente sua produção). Não há mais nada

---

[11] Hjalmar Horace Greeley Schacht (1877-1970), financista alemão que ocupou diversos cargos no governo alemão, 1923-1943, incluindo o de presidente do *Reichsbank* e o de ministro da Economia.

disponível para investir, e, assim, não é concebível um *excesso* de investimento generalizado.

Quando economias de anos anteriores (1) e o capital disponível para substituições (2) são investidos seguindo um planejamento superestimado dos bens de investimento disponíveis, os resultados para toda a economia são investimentos *malfeitos*. Construções são iniciadas prevendo mais material do que seria necessário. Diz-se que a crise de 1857 na Grã-Bretanha resultou da construção excessiva de ferrovias, que não geraram lucros e cujo capital investido faltou a outras necessidades. O excesso de capital circulante foi convertido em capital fixo. Em uma crise, bens de consumo se tornam disponíveis a preços muito baixos por sua oferta excedente.

Uma pessoa física pode ter um "excesso de expansão econômica". Uma pessoa pode dizer "Minha situação financeira é péssima. Estou gastando demais para expandir meu negócio, para construir minha nova fábrica". O conceito de investimento excessivo surgiu quando essa situação, que também se aplica a indivíduos, foi transferida para uma nação. Mas não se aplica a todo o sistema econômico, pois somente os bens que estão disponíveis para investimento podem ser usados para tais fins. Dinheiro pode ser investido em planejamentos *errôneos*, e muitos projetos podem ser iniciados, mas vários deles podem não ser finalizados, ou finalizados com prejuízos.

O que acontece é óbvio. A questão é: por que a situação é repentinamente descoberta, em poucos dias, e a crise se instala de um dia para outro? Onde havia confiança e otimismo, surge a depressão e o desespero. Naturalmente, a consciência da crise – não a crise real, que se desenvolveu ao longo do tempo – emerge de um dia para outro.

Como não houve uniformidade na expansão creditícia em vários países no passado, o volume de crédito concedido foi diferente em diversos países. Com a demanda por câmbio e crédito exterior, houve uma fuga de moeda de alguns países. Os banqueiros se assustaram. Uma autoridade do governo declarou: "Talvez sejamos forçados a restringir o crédito". Empresários se atemorizaram: "Precisamos de crédito. Vamos, então, obter crédito enquanto for possível". A demanda por crédito aumentou repentinamente, e os bancos tiveram de restringi-lo. Se um banco começou a restringir o crédito, todos os outros fizeram o mesmo. E, tão logo isso ocorreu em um país, todos os outros países tiveram de fazer o mesmo, e a restrição ao crédito se espalhou por todo o mundo.

Se os bancos não restringissem o crédito, essa prosperidade poderia durar para sempre? O fato é que, em todo período de prosperidade, empresários têm declarado que "Esta expansão econômica não é temporária – esta é a grande prosperidade final da humanidade. Ela jamais será sucedida por uma crise". Mas não é possível fazer a expansão durar para sempre, pois toda expansão é fundada em papel, em notas bancárias e cheques, é apoiada na suposição de que há mais bens disponíveis do que realmente há. Se os bancos não dessem um "sinal vermelho", a expansão creditícia ter-se-ia estendido mais e mais rapidamente, até o total colapso da moeda, como ocorreu na Alemanha em 1923. O movimento inflacionário precisa ser detido, seja por um total colapso ou por restrições voluntariamente impostas pelos bancos envolvidos.

Se as pessoas não fossem tão otimistas, a crise não teria sido tão feia, pois as pessoas teriam se preparado para a crise. As razões do colapso da expansão econômica residem em fatos históricos individuais. O problema da quebra da expansão é decidido por fatores acidentais, mas não pode ser evitado. E, quanto mais tarde a crise surge, mais capital foi desperdiçado e piores são as consequências.

Desejo adicionar um comentário sobre a relação entre a inflação e a expansão creditícia. Ambas são muito semelhantes, mas há uma diferença. No caso da expansão creditícia, a quantidade adicional total de moeda recentemente criada é direcionada inicialmente ao mercado de empréstimos. Essa oferta adicional não é gasta no consumo, mas emprestada a empresas. Sendo assim, a primeira consequência da expansão creditícia é uma expansão dos negócios. E todos os outros efeitos advêm desse estímulo aos negócios. Já no caso da inflação, a oferta adicional de moeda vai inicialmente para as mãos de um "gastador" – por exemplo, do governo, para gastar em armamentos ou outros fins. Ou seja, o curso da inflação é diferente. Na essência, ambos são iguais, mas o desenrolar dos eventos e as características de ambas as expansões são diversos. No entanto, mais cedo ou tarde, o dinheiro disponibilizado pela inflação chega ao mercado de investimentos também, assim como o dinheiro disponibilizado pela expansão creditícia chega ao mercado de consumo.

O conceito de controle qualitativo do crédito se tornou bastante popular. Queremos oferecer crédito adicional para bons propósitos, para mais indústrias e para a agricultura, não para pessoas mal-intencionadas ou fins frívolos. Em última análise, não importa onde todo o processo começou. Se a oferta adicional for destinada inicialmente a agricultores, a demanda destes por crédito cairá e o montante que eles teriam absorvido sem a expansão creditícia estará disponível para gerar uma expansão econômica em outro setor. Uma expansão econômica não pode ser direcionada. Nenhum segmento da economia é independente.

Palestra

9

Ao final do século XIX, quando as pessoas começaram a perceber que havia algo questionável sobre a expansão creditícia, os defensores dessa política encontraram uma nova desculpa. Declararam que a expansão creditícia poderia funcionar em um país isolado do resto do mundo ao se abolir o padrão-ouro e estabelecer uma moeda desligada do ouro ou um sistema de moeda fiduciária, medida que também reduziria a taxa de juros e proporcionaria a prosperidade eterna. Tal atitude tornou-se evidente entre os *Junkers* alemães que sofreram nas décadas de 1880 e 1890 com a importação de cereais dos Estados Unidos e atribuíram seu infortúnio ao padrão-ouro, e não a seu solo pobre e à baixa produtividade agrícola, argumentando que, se não fosse o padrão-ouro, eles teriam baixas taxas de juros e prosperidade.

Para Além dos Ciclos Econômicos

A influência dessas ideias também se tornou evidente quando o ministro das Finanças italiano clamou por uma conferência de bancos. Ao final da Segunda Guerra Mundial, essas ideias levaram à criação do Fundo Monetário Internacional (FMI). O governo britânico sugeriu um banco internacional e, para angariar a opinião pública favorável a uma "União de Compensação Internacional", publicou um panfleto escrito por *Lord* Keynes. Esse panfleto, distribuído neste país pelo escritório britânico de propaganda, pregava que a expansão creditícia era mais que desejável, ou, nas palavras de Keynes, traria o milagre de "converter pedras em pães" dentro de cada nação, e por isso era necessária em escala internacional. Eles clamavam por uma unidade monetária internacional. A Conferência de Bretton Woods produziu um documento assim como um instituto com estados membros, uma diretoria, e tudo o mais. No entanto, sabe-se que, além disso, nada produziram. Desde o início, a conferência foi um fracasso, além de inútil.

Por que o crédito não pode ser expandido em escala internacional? O insucesso da expansão creditícia não se deve ao fato de ter sido implantada somente em uma base nacional, mas por ser impossível substituir o papel por bens de capital não existentes. Não se compreendeu que uma expansão econômica requer mais bens de capital, mais economias ao longo de anos anteriores. É verdade que, no passado, a expansão creditícia de países individuais foi detida pelo fato de o ritmo de expansão ter sido diverso em outros países. No entanto, a expansão estava fadada a parar de qualquer modo.

A verdadeira razão de tal banco internacional não ter chances de sucesso é não conseguirmos responder a esta pergunta: "Quem deveria lucrar com essa expansão creditícia no curto prazo?". Suponhamos que houvesse um banco central e que todas as rivalidades políticas fossem esquecidas. Tal banco internacional poderia aumentar a oferta de crédito disponível emitindo notas bancárias adicionais ou fornecendo crédito bancário adicional via cheques. Mas, então, surge um problema para o qual não parece haver solução – a quem o novo crédito, o "dinheiro fácil", deve ser oferecido?

Suponhamos que toda a oferta adicional seja emprestada a um único país. Esse país desfrutará de uma primeira expansão econômica, sua população terá mais dinheiro e inflacionará os preços dos bens que deseja comprar. Com mais dinheiro à sua disposição, assumirá a posição favorável de poder comprar de outros países que ainda não terão se ajustado à expansão creditícia. O primeiro país terá vantagens, mas os outros estarão em desvantagem, pois ainda venderão seus produtos a "preços velhos" e terão de comprar novos produtos a preços mais altos.

Devemos questionar o seguinte: "Quem receberá empréstimos? Como a moeda adicional será distribuída?" Blocos de países diversos proporão sistemas diferentes de distribuição. O Extremo Oriente proporá a distribuição de acordo com a população; os países desenvolvidos, por exemplo, de acordo com o valor total da produção anual ou da renda nacional. Sendo assim, tais planos se tornam inúteis. O único valor do FMI, um dos mais notáveis fracassos em termos de políticas internacionais dos últimos vinte anos, é contribuir para o mercado mobiliário em Washington.

Todas essas ideias foram inúteis, pois os defensores da expansão creditícia – pessoas que seguiam a linha de Marx e dos teóricos da Escola Bancária – não acreditam que a fonte de uma depressão seja a expansão creditícia que a antecede, e, assim, propuseram métodos contracíclicos para minimizar as depressões. Por considerarem as depressões inevitáveis, querem suavizá-las, minimizá-las o máximo possível mediante a interferência do governo. Seu conceito é o de que o ciclo de negócios deriva dos negócios ou do *laissez-faire* ("deixar acontecer"), e o governo deveria interferir com programas contracíclicos. Mas o correto é justamente o contrário.

O conceito de medidas contracíclicas prevê que, em uma crise, os negócios vão mal e há desemprego. O governo deveria, então, intervir com obras públicas. Os membros da Liga das Nações e das Nações Unidas dizem ter descoberto algo novo, mas não há nada novo nisso.

A expansão econômica chega ao fim porque os fatores de produção foram mal investidos. A existência de capacidade ociosa em tempos de depressão indica investimentos inadequados, decorrentes de erros de julgamento no passado. A solução seria deixar os salários e os preços baixarem até que a economia retome seu ritmo. Mas, então, alguém sugere que o governo intervenha com obras públicas. Por que o governo deveria desviar esses fatores de obras particulares quando elas são necessárias? A resposta dada é que o governo deveria restringir suas despesas ao longo de toda a expansão econômica e, então, quando vier a depressão, embarcar em grandes projetos. De forma bastante infantil, esses relatórios sempre aconselham a manter um número de projetos "na prateleira", já elaborados pelos tecnólogos, e, assim que a crise se instaurar, o governo deveria retirá-los da "prateleira" e iniciar as obras.

Esse conceito é errôneo, pois compara a situação de indivíduos à situação de uma nação inteira. Um indivíduo é sempre cauteloso, poupa para os dias de "vacas magras"; ele pode perceber que hoje está próspero, mas os negócios nem sempre serão bem-sucedidos. Quando os dias das "vacas magras" chegarem e ele desejar consumir, deverá vender suas economias a outros que queiram fazer uso delas.

O que deveria o governo fazer com os impostos que arrecada prevendo um esquema de obras públicas? Guardar o dinheiro ou retirá-lo do sistema mediante taxação e, assim, neutralizar a expansão creditícia? Proponentes das obras públicas acreditam que o governo deveria se abster de gastos durante a expansão, poupar o dinheiro e, quando a depressão emergir, usar o dinheiro e, assim, instaurar nova inflação. Talvez, eles argumentam, seja possível dessa forma prolongar a expansão por mais algumas semanas. Mas também poderá ocorrer de o sistema econômico não cooperar e esse papel impulsionador não ter sucesso, como ocorreu no início do *New Deal*.

A outra sugestão é o governo guardar não o dinheiro, mas os meios de produção – maquinário, ferramentas e matérias-primas. Tal atitude significaria que, durante a expansão, o governo "aceleraria" a expansão ao entrar no mercado como comprador de maquinário, ferramentas e matérias-primas.

A Suécia gabou-se de ter resolvido o problema da depressão adotando medidas contracíclicas. Na década de 1930 sua posição era um tanto peculiar, pois exportava exatamente os produtos que a Alemanha consumia em seus esforços de rearmamento: ferro, madeira, maquinário etc. A posição da Suécia nessa expansão de rearmamento foi semelhante à que Pittsburgh ou a indústria do entretenimento da Broadway teriam ocupado se fossem países independentes durante a guerra – teriam vendido aço e fornecido entretenimento aos soldados e indústrias de munição; teriam tirado partido das vantagens e descartado as desvantagens da expansão. Ter-se-iam tornado as indústrias mais prósperas do hemisfério ocidental. Tal era a situação na Suécia, mas gabar-se de que tudo decorreu de sua excelente política já é outra coisa. Quando a guerra terminou, sua liderança global deveu-se à neutralidade. Sabemos que a história teria sido diferente se Hitler tivesse invadido a Suécia. Um economista sueco foi nomeado coordenador da reconstrução da Europa – uma experiência desprezível.

Nenhuma expansão econômica é viável sem a expansão creditícia, mas a expansão creditícia está fadada à catástrofe. Quando a depressão a sucede, a psicologia humana pode tornar a depressão mais longa do que normalmente seria. (A depressão de 1929, por exemplo, durou tanto porque os sindicatos não aceitavam qualquer redução significativa dos salários. Esse importante fator de custo da expansão perdurou por muitos anos e poderia ter sido remediado por nova inflação). A expansão econômica é ilusória por basear-se na premissa de que estamos mais ricos do que realmente somos. A expansão deu origem a projetos que não podiam ser executados. A depressão significa o ajuste das condições ao real estado das coisas. Na depressão, a principal atividade de negócio consiste em salvaguardar o que pode ser recuperado da expansão, e a depressão perdurará o quanto for necessário para acumular, por meio de novas economias, o capital necessário à continuação de tantos empreendimentos que se iniciaram durante a expansão econômica quantos forem possíveis. A depressão não significa o empobrecimento do país, mas reflete, na verdade, um panorama mais precioso do que a expansão econômica que a antecedeu. No entanto, por razões psicológicas e políticas, pela queda nos preços e na produção, ela pode perdurar mais que o necessário para restabelecer as condições anteriores.

A literatura sobre ciclos de negócios, principalmente as publicações mais antigas, pareciam ter um prazer sádico em descrever com detalhes todos os fenômenos da depressão.

Fenômenos paradoxais foram discutidos. No entanto, não podemos ignorar que a depressão é o retorno à realidade e a tentativa de acertar, tanto quanto possível, as deficiências produzidas pela expansão que a antecedeu.

Durante o século XIX, houve uma recorrência quase regular de expansões e depressões. A isso denominamos "ciclo econômico". Tão logo as condições se normalizam, as pessoas e o governo exigem nova expansão creditícia, e a expansão econômica se inicia novamente.

As pessoas acabaram considerando o ciclo econômico um fenômeno inevitável e começaram a estudar a duração do ciclo. Todos os esforços para estimar essa duração são mais ou menos irracionais. Como alguns economistas declaram que a duração é de onze anos, surgiu o conceito de a duração não ser causada por eventos sociais ou humanos, mas por eventos cósmicos. E assim surgiu a Teoria da Mancha Solar. Tais teorias são meras adivinhações. Em primeiro lugar, o ciclo não tem onze anos. E também, se fosse verdade, por que os negócios, que se ajustam à natureza, clima, fertilidade e outras condições, nunca perceberam isso e nunca ajustaram suas atividades às manchas solares? Não há a menor prova empírica de que os ciclos econômicos e as manchas solares coincidam.

No entanto, certo tipo de regularidade foi identificado. Acredita-se que os ciclos econômicos são um novo desenvolvimento do sistema bancário e monetário moderno. Mas será esse ciclo inevitável? Se o capitalismo continuar, o fenômeno prevalecerá no futuro assim como prevaleceu no passado? A ciência da ação humana não deve ser confundida com as ciências naturais. Ciclos econômicos resultam de uma ação humana – a expansão creditícia. O ciclo econômico perdurará se esse conhecimento se generalizar? Certamente não! Se todos compreenderam que a expansão creditícia é a causa da depressão que a sucede, os governos e as pessoas provavelmente aprenderão que a expansão creditícia não lhes traz vantagem alguma e a deterão.

Por outro lado, suponhamos que os governos e a opinião pública, a despeito de seu discernimento, teimosamente se atenham a uma política de expansões creditícias de tempos em tempos. Não seria provável que os empresários tivessem uma reação diversa à expansão creditícia? Não poderiam as empresas, a despeito de incentivos governamentais, efetuar os ajustes necessários para que a economia se tornasse mais estável? Suponhamos que o governo embarcasse na expansão creditícia e os empresários considerassem essa atitude questionável. Ao invés de expandir sua atuação, já que a expansão é possível, os empresários poderiam se tornar mais cautelosos e não expandir seus negócios até o limite possível. Essa ideia não é tão implausível. Lembremo-nos do movimento propulsor do *New Deal*, que almejava a expansão econômica sem a depressão. O objetivo era somente o movimento inicial e, a seguir, deter a expansão creditícia. Mas os empresários perceberam que o governo pretendia parar assim que eles tivessem dado o primeiro passo, e não caíram nessa armadilha.

Isso me leva a pensar que os ciclos econômicos que têm ocorrido em países capitalistas desde 1780 podem, ao final, desaparecer. Seria, então, um erro afirmar que o ciclo econômico pertence à economia de mercado e perdurará enquanto houver uma economia de mercado. Primeiramente, o ciclo econômico não é um fenômeno mercadológico, mas um fenômeno da expansão creditícia que está inserida na economia de mercado porque os governos e a opinião pública acreditam que a atuação normal da economia de mercado não produz pontes e riqueza suficiente. Acreditam que descobriram um método para "converter pedras em pães". Eu diria que o ciclo econômico pode ser um fenômeno passageiro, uma prova da diferença entre a ciência da ação humana e as ciências naturais.

O que está errado com a expansão econômica pode ser descrito como uma desproporção entre os vários ramos da produção, entre os bens de produção e os bens de consumo. Quando uma nova invenção, como o refrigerador, é lançada no mercado, todos querem adquiri-la. A indústria em questão se expande. No entanto, indagamos: quando todos já compraram um novo refrigerador, como pode essa indústria continuar a crescer? A mesma situação se aplica a outros setores – ao setor de construção etc. Depois que todos que desejam esses bens de produção duráveis os adquiriram, a demanda cai e sucede a depressão. Esse conceito é realmente fantástico, pois a expansão econômica não ocorre dessa forma.

A teoria monetária do ciclo econômico explica a desproporcionalidade da seguinte forma: primeiramente, poucos compram o novo produto, e, a seguir, mais e mais pessoas. Quando os últimos consumidores compram, os primeiros que adquiriram a produção inicial já precisam de produtos substitutos. Os empresários não são tão ignorantes a ponto de afirmar que um negócio bem-sucedido ontem necessariamente o será amanhã. Alguém que inicia um novo negócio se questiona se já existem fabricantes suficientes. As pessoas não começam novos negócios como idiotas. Isso explica as fatias de mercado proporcionais dos vários setores de mercado e por que o número de pães produzidos e vendidos é maior que o número de caixões, porque o porte das indústrias se ajusta à vida útil de sua produção. Não é necessário o governo comunicar às pessoas qual seria a produção excedente. Os cálculos de um empresário podem estar errôneos e ele pode falir; ele talvez decida ingressar na indústria automotiva quando deveria ter escolhido a indústria de refrigeradores. Assim, gerou um excedente de automóveis e um déficit de refrigeradores. Todos os dias há perdas em alguns negócios e ganhos em outros. Isso significa que algumas empresas têm funcionários demais e outras de menos, mas não significa uma expansão generalizada ou perdas em nível nacional. Uma expansão generalizada só pode ser causada pela ilusão que é inerente à expansão creditícia.

Todas as tentativas de explicar a crise com argumentos sobre erros e deficiências de empresários cometeram enganos por não levar em consideração que tais erros neutralizavam uns aos outros. Se um setor do mercado comete o erro da expansão excessiva, há necessariamente subprodução em outros setores. A expansão econômica só pode ser causada pela expansão creditícia generalizada.

O conceito sobre o que está errado na economia residir no fato de os empresários não terem uma ideia do todo, mas somente de um pequeno fragmento do mercado, e, assim, estarem mais propensos a cometer erros, advém do conceito da anarquia da produção de Marx – essa é a resposta de Adam Smith e outros, em seus livros. Marx não considerou o fato de que, mesmo que nenhum ditador diga aos homens o que fazer, há uma tendência no sistema econômico a designar a cada setor do mercado precisamente a quantidade de capital, mão de obra e produtos que os consumidores demandam. Os que conseguem dimensionar tais fatores corretamente lucram; os que não conseguem incorrem em prejuízos. O resultado ao final é a produção ficar nas mãos dos que melhor satisfazem as necessidades dos consumidores.

Se o governo, mediante impostos sobre a produção, tentar eliminar os lucros, confiscá-los e, consequentemente, evitar que catalisem os resultados almejados sem os impostos enfraquecerá o mercado consideravelmente. O resultado será a erradicação do progresso econômico e da tendência em direção a avanços inerentes ao sistema capitalista, e a instauração da rigidez do sistema.

Como exemplo, consideremos uma loja de departamentos inaugurada há anos por um jovem ambicioso, que começou seus negócios com um orçamento muito apertado. A economia de mercado evita que essa velha loja de departamentos se torne um negócio "engessado", conservador e burocrático. Se isso aconteceu, significa que os netos do fundador gerenciaram a loja sem eficiência, que pequenas lojas próximas tiveram lucros, consumiram somente uma parte de seus lucros e investiram o saldo. Com o tempo, os negócios da loja antiga minguaram até serem absorvidos por novos empreendedores, ou talvez a loja tenha sido vendida para novos administradores e, em seguida, uma das pequenas lojas se tornou a grande nova loja de departamentos.

Mas hoje as coisas são diferentes. O moderno sistema fiscal impede o novo empreendedor de reinvestir a maior parte de seus fundos. O governo não discrimina o novo empreendedor legal e oficialmente; se ele faturar $250 mil, será taxado da mesma forma que um antigo negócio que tem o mesmo faturamento. No entanto, o futuro capital das empresas já é taxado antes mesmo de um novo empresário poder construir sua grande loja. Assim, a antiga loja de departamentos é protegida de algum modo, pois não precisa competir tão acirradamente com o novato que foi beneficiado, e pode tornar-se negligente. Essas condições dificultam aos novatos desafiar negócios já estabelecidos, ou seja, os "interesses escondidos". As pessoas creem que as leis tributárias são extremamente progressistas, mas na verdade elas são extremamente conservadoras e favorecem estruturas já existentes, e não os novos ingressos no mercado. O sistema, então, se torna rígido. Apesar de isso não ter relação com o nosso tema, expansão creditícia, quando ela ocorre, os bancos preferem emprestar aos "velhos conhecidos" a emprestar às novas empresas, fossilizando a estrutura existente.

Desejo acrescentar algo sobre a relação entre os bancos e a expansão creditícia. Não devemos jamais confundir duas situações bem diversas, que nada têm em comum exceto o fato de os negócios serem conduzidos pela mesma pessoa, o banqueiro. Em alguns casos, o banqueiro pode emprestar seu próprio dinheiro, e então se torna um emprestador. Nessas situações, não há qualquer relação com a expansão creditícia.

Em outros casos, ele empresta às pessoas dinheiro advindo de depósitos ou de poupança de *outros* clientes, agindo assim como um intermediário. Ele também pode criar meios fiduciários, notas bancárias e emprestá-los da mesma forma, geralmente creditando a quantia na conta dos clientes. Como ambas as funções bancárias – emprestar os depósitos de clientes e emprestar meios fiduciários – são sempre ligadas às mesmas funções, o governo, que controla todos os negócios dos meios fiduciários, acaba ganhando o controle de todo o mercado de empréstimos. Tal controle conferiu um tremendo poder ao governo. Se não tivesse jamais havido interferência deste nos bancos, todo esse problema jamais teria surgido.

Os defensores da interferência do governo na emissão de notas bancárias justificam essa política declarando que "o livre comércio no sistema bancário é o livre comércio em fraude", e que as pessoas pobres e ignorantes precisam ser protegidas contra essas notas bancárias "escusas". No entanto, ninguém seria forçado a aceitar notas bancárias se elas não tivessem sido declaradas moeda legal pelo governo. A literatura alemã de meados do século XIX considerava necessário proteger os alemães pobres das "garras" dos bancos. No entanto, o banco central alemão, o *Reichsbank*, desvalorizou a moeda de 1914 quando um dólar norte-americano equivalia a 4,20 marcos, até 1923, quando eram necessários 4.200.000.000 marcos para comprar um dólar. A interferência do governo na moeda e no sistema bancário tornou o governo soberano na desvalorização da moeda. Os resultados de hoje são fantásticos quando comparados a premissas e razões para conceder tal poder ao governo. Haveria algo pior que o dinheiro em nossas mãos encolher dia a dia?

Lord Keynes chamou o padrão-ouro de "relíquia bárbara". Muitos livros dizem que o governo teve de intervir porque o padrão-ouro fracassou. Mas o padrão-ouro não fracassou! O governo aboliu esse padrão ao tornar ilegal a posse de ouro. No entanto, mesmo hoje, todo o comércio internacional é calculado em ouro – não por ser um metal amarelo e pesado, mas porque somente o ouro pode determinar o poder aquisitivo da unidade monetária independentemente de alterações nas decisões do governo e de partidos políticos.

A essência da economia de mercado é que as ações econômicas dos indivíduos não são executadas por ordem do governo, mas de forma espontânea. Por essa razão, a moeda, o meio de troca, precisa ser independente de qualquer influência política. Caso contrário, os próximos anos serão nada mais que uma série de fracassos de várias políticas governamentais monetárias e creditícias. Para evitar essa catástrofe, é essencial que todos compreendam que nenhum milagre keynesiano é possível e que não se consegue melhorar a situação das pessoas com a expansão creditícia.

Obrigado a todos.

POSFÁCIO À EDIÇÃO BRASILEIRA

Entre as contribuições mais importantes de Ludwig von Mises (1881-1973) à teoria monetária se encontram suas sofisticadas análises das consequências sociais da inflação e da formação e evolução das expectativas inflacionárias[1]. A explicação de Mises para o processo inflacionário se caracteriza por uma ênfase no tipo de

---

[1] A análise inovadora de Mises acerca da inflação emergiu de sua integração entre a teoria da utilidade marginal austríaca e a abordagem dos saldos de caixa de Carl Menger (1840-1921) para a demanda por moeda e a análise do processo monetário, que começou com economistas dos séculos XVIII e XIX, tais como Richard Cantillon (1680-1734), David Hume (1711-1776) e John Elliott Cairnes (1823-1875). A respeito das contribuições de Mises e suas influências doutrinarias no campo da economia monetária, ver: ROTHBARD, Murray N. "The Austrian Theory of Money". *In*: DOLAN, Edwin G. (Ed.). *Foundations of Modern Austrian Economics*. Kansas City: Sheed & Ward, Inc., 1976. p. 168-184; ROTHBARD, Murray N. *The Essential Ludwig von Mises*. 2nd ed. Auburn, Ala.: Ludwig von Mises Institute, 1980. p. 14-23; SALERNO,

Ludwig von Mises sobre a Inflação e as Expectativas

Joseph T. Salerno

efeitos de preços relativos que são inconsistentes com a neutralidade da moeda no longo prazo. Provavelmente por essa razão, em geral os defensores modernos da teoria quantitativa da moeda negligenciaram a teoria de Mises. Embora teóricos quantitativos da moeda modernos[2] tenham recentemente começado a prestar atenção à análise de Mises,

---

Joseph. "Commentary: The Concept of Coordination in Austrian Macroeconomics". *In*: EBELING, Richard B. (Ed.). *Austrian Economics: Perspectives on the Past and Prospects for the Future*. Hillsdale, Mich.: Hillsdale College Press, 1991. p. 367-375; EDWARDS, J. R. *The Economist of the Country: Ludwig von Mises in the History of Monetary Thought*. New York: Carlton Press, Inc., 1985; ROBBINS, Lionel. *Money, Trade and International Relations*. London: Macmillan, 1971 [1952]. Em contraste com sua análise do processo de ajuste da inflação, que foi substancialmente reconhecido, a abordagem inovadora de Mises para as expectativas recebeu pouca (ou nenhuma) atenção, mesmo por parte de economistas de orientação austríaca.

[2] EDWARDS, J. R. *The Economist of the Country: Ludwig von Mises in the History of Monetary Thought*; HUMPHREY, Thomas M. *On the Nonneutral Relative Price Effects in Monetarist Thought*. Federal Reserve Bank of Richmond. *Economic Review* 70 (May/June 1984):13-19.

em grande parte interpretaram equivocadamente seus pontos de vista a respeito da natureza e durabilidade desses efeitos.

Os economistas austríacos modernos, de sua parte, geralmente ignoram a teoria de Mises para as expectativas inflacionárias. Alguns ou negaram que Mises propôs tal teoria, ou negaram que teve sucesso em integrá-la a sua visão geral do processo econômico. Por exemplo, Ludwig Lachmann (1906-1990) enfatizou fortemente que Mises não proporcionou nenhuma teoria das expectativas[3]. Mesmo um estudioso cuidadoso de Mises, como Richard M. Ebeling[4], embora admitindo que Mises *"tentou formular uma teoria construtiva das expectativas e de sua formação no processo de mercado"*, concluiu que Mises fracassou em integrar completamente sua teoria da formação das expectativas com suas teorias da moeda e do empreendedorismo[5]. No entanto, ao menos um

---

[3] LACHMANN, Ludwig M. "From Mises to Schackle: An Essay on Austrian Economics and the Kaleidic Society". *Journal of Economic Literature*, Vol. 14 (March 1976): p. 58. O autor declara que *"Mises quase nunca menciona as expectativas, embora empreendedores e especuladores apareçam frequentemente em seus escritos. Assim, a partir de 1939 Schackle teve de lidar com as expectativas mais ou menos sozinho, sem muita ajuda ou apoio do lado austríaco"*.

[4] EBELING, Richard M. "Expectations and Expectations Formation in Mises's Theory of the Market Process". *Market Process*, Vol. 6 (Spring 1988): p. 12-18.

[5] De acordo com Ebeling: *"Os escritos de Mises sobre teoria monetária [...] não [estão] integrados à sua teoria da formação das expectativas, nem mesmo em* Human Action [Ação Humana]. *O desenvolvimento de sua teoria é incompleto e se aplica dentro de seu próprio sistema"* (EBELING, Richard M. "Expectations and Expectations Formation in Mises's Theory of the Market Process". *Op. cit.*, p. 16). Deixando de lado essa interpretação equivocada, o artigo de Ebeling fornece um valioso panorama das influências e do método de Mises no desenvolvimento de sua teoria das expectativas

teórico monetarista neoclássico simpatizante[6] notou a análise de Mises do desenvolvimento das expectativas sobre o poder de compra futuro da moeda durante episódios históricos de inflação, criticando-a como um amálgama inconsistente de elementos das teorias de expectativas racionais e adaptativas.

Na próxima seção deste artigo, revisarei brevemente o "passo a passo" distinto de Mises, ou a análise sequencial das mudanças na oferta monetária, e demonstrarei como essa análise implica que a moeda não é neutra no longo prazo, tampouco no curto prazo. Na terceira seção, estabelecerei o contraste entre a descrição de Mises do processo inflacionário e seus efeitos e a abordagem proporcionada pelos teóricos quantitativos da moeda modernos. Argumento que as recentes críticas monetaristas da descrição de Mises das consequências da inflação monetária não antecipada baseiam-se em uma falha em apreciar adequadamente as sutilezas da análise de Mises. Também descrevo como o método analítico de Mises o levou a uma explicação do efeito positivo sobre o emprego típico da inflação inicialmente não antecipada que difere acentuadamente da explicação derivada da hipótese da taxa natural de Friedman-Phelps. Na quarta seção do artigo, apresento um panorama abrangente da teoria das expectativas de Mises, mostrando como se integra a sua abordagem praxiológica para a teoria econômica, elucidando o papel crucial que desempenha em sua análise dos efeitos de uma

---

[6] EDWARDS, J. R. *The Economist of the Country: Ludwig von Mises in the History of Monetary Thought*. *Op. cit.*, p. 104.

inflação monetária em andamento[7]. Também abordo a tentativa de interpretar os escritos de Mises sobre expectativas inflacionárias em termos de mecanismos macroeconômicos de formação de expectativas. Na quinta seção, reviso a discussão de Mises a respeito da hiperinflação alemã para ilustrar como sua teoria das expectativas se encontra entremeada com sua análise econômica. Concluo sintetizando as lições que os economistas contemporâneos podem aprender da análise de Mises do processo de inflação.

---

[7] Deve ser observado, aqui, que a abordagem de Murray N. Rothbard (1926-1995) para as expectativas é implicitamente misesiana. Assim, o fato de Rothbard não proporcionar uma explicação formal da abordagem de Mises para as expectativas não significa que Rothbard *"não considera seriamente o problema da formação das expectativas"*, como Ebeling afirma ("Expectations and Expectations Formation in Mises's Theory of the Market Process". *Op. cit.*, p. 12). A implicação de Ebeling é logicamente injustificada e mostra facilmente que está equivocada, uma vez que consideramos umas poucas das doutrinas mais notáveis apresentadas por Rothbard em: ROTHBARD, Murray N. *Man, Economy, and State: A Treatise on Economic Principles*. 2 Vols. Los Angeles: Nash Publishing, 1970 [1962]. Em sua análise do processo de preços, Rothbard, assim como os grandes teóricos austríacos dos preços Eugen von Böhm-Bawerk (1851-1914) e Philip Wicksteed (1844-1927), concentra-se na determinação dos preços reais, momento a momento, cujos determinantes incluem as demandas dos vendedores pela reserva especulativa ("inventário"). Rothbard também fornece tratamentos explícitos e extensos da influência das antecipações especulativas sobre a formação das curvas de oferta e demanda do mercado, da demanda por encaixes inerentemente especulativa por moeda e da determinação do componente do poder de compra da taxa de juros nominal. Finalmente, Rothbard reconhece o papel central do capitalista-empreendedor, promovedor, avaliador de preços e que arca com os riscos, na condução do processo de mercado.

I - O Método Analítico de Mises e a Não Neutralidade da Moeda no Longo Prazo

Em sua obra autobiográfica *Notes and Recollections* [Notas e Lembranças][8], escrita em 1940 porém não publicada até 1978, Mises proporcionou a seguinte descrição do método "passo a passo" para analisar os fenômenos monetários, que formulou em sua obra de 1912, *The Theory of Money and Credit* [A Teoria da Moeda e do Crédito]:

> A análise passo a passo deve considerar o intervalo de tempo. Em tal análise, o hiato temporal entre a causa e o efeito se torna uma multidão de diferenças temporais entre consequências singulares sucessivas. A reflexão sobre esses hiatos temporais conduz a uma teoria precisa das consequências sociais das mudanças no poder de compra da moeda.

Tal como Mises[9] procedeu a salientar, uma análise desse tipo proporciona uma "teoria da não neutralidade inevitável da moeda", implicando

> [...] que mudanças no poder de compra da moeda façam com que os preços de diferentes mercadorias e serviços não se modifiquem nem simultaneamente, nem uniformemente, e que é incorreto sustentar que mudanças na quantidade de moeda

---

[8] MISES, Ludwig von. *Notes and Recollections*. South Holland: Libertarian Press, 1978. p. 59.

[9] Idem. *Ibidem*.

proporcionam mudanças simultâneas e proporcionais no "nível" de preços.

Mises então concebeu a inflação como um processo que se desenvolve no tempo, no qual um aumento no estoque de moeda resulta invariavelmente em um ajuste sequencial dos preços, o que necessariamente altera os preços relativos e produz uma realocação dos recursos produtivos e uma redistribuição da renda real e da riqueza. A sequência temporal específica na qual os preços são ajustados e, portanto, a identidade dos participantes do mercado que experimentam ganhos ou perdas não é dedutível a partir da teoria econômica. Mais propriamente, depende de forma concreta do ponto específico no qual a nova moeda é injetada na economia e dos esquemas de utilidade marginal daqueles que recebem e gastam a nova moeda.

Um economista neoclássico simpatizante, James Rolph Edwards, aponta que "A descrição [de Mises] do processo inflacionário é mais complexa e realista que a espécie de "análise de propagação de aviões" (envolvendo adições equiproporcionais milagrosas aos saldos de caixa) que os economistas realizam com demasiada frequência[10].

Infelizmente, Edwards conclui de maneira equivocada que Mises imaginou esse "processo atrasado de ajuste de preços" como algo que chega a uma conclusão "somente quando as relações de preços originais forem restauradas". Tal como

---

[10] Idem. *Ibidem.*, p. 92-93.

argumentei anteriormente[11], entretanto, Mises esforçou-se muito para negar que ou a curva de demanda instantânea, ou a curva patinkiniana de equilíbrio de mercado para saldos de caixa nominais, poderia em algum momento assumir o formato de uma hipérbole retangular sob condições dinâmicas do mundo real. Ademais, Edwards[12] comete um erro em teoria elementar dos preços quando insiste que a posição relativa do grupo de vendedores que recebem a nova moeda tardiamente no processo inflacionário é restaurada ao final do processo, embora suas *"perdas sofridas no ínterim fiquem descompensadas"*. Logicamente, são exatamente tais perdas (e ganhos) descompensados que alteram *permanentemente* o padrão das posses de riqueza individuais, demandas de mercado e preços relativos, resultando, portanto, em uma revolução e não em uma restauração das posições relativas dos vários grupos de vendedores no novo equilíbrio de longo prazo, ou no que Mises chamava de "estado final de repouso".

Assim, conforme Mises[13] colocou:

> Dado precisamente que os aumentos de preços não afetaram todas as mercadorias de uma vez só, ocorrem mudanças nas relações de riqueza e renda que afetam a oferta e demanda de

---

[11] SALERNO, Joseph T. "Ludwig von Mises's Monetary Theory in Light of Modern Monetary Thought". *In*: SALERNO, Joseph T. *Money, Sound and Unsound*. Auburn, Ala.: Ludwig von Mises Institute, 2010. p. 61-114.

[12] Idem. *Ibidem*., p. 92.

[13] MISES, Ludwig von. *On the Manipulation of Money and Credit*. Ed. Percy L. Greaves; trans. Bettina Bien Greaves. Dobbs Ferry: Free Market Books, 1978. p. 96.

bens e serviços individuais de maneira diferente. Assim, tais mudanças devem levar a uma nova orientação do mercado e dos preços de mercado.

Ademais, como Mises argumentou ao criticar a formulação de Irving Fisher (1867-1947) da teoria quantitativa, Fisher foi levado a criar sua dicotomia artificial entre a teoria monetária e a teoria do valor como uma defesa improvisada justamente contra tal acusação de erro lógico elementar. De acordo com Mises[14]:

> Somente uma coisa pode explicar como Fisher é capaz de manter sua Teoria Quantitativa mecânica. Para ele, a Teoria Quantitativa parece ser uma doutrina peculiar para o valor da moeda; de fato, a contrasta em definitivo com as leis do valor para outros bens econômicos [...]. Com tanto suporte quanto o de Fisher e Brown para sua fórmula mecânica e para o valor da moeda, uma fórmula similar pode ser obtida para o valor de qualquer mercadoria, e conclusões similares podem ser obtidas a partir dela[15].

De fato, os esforços dos teóricos neoclássicos seguindo Don Patinkin (1922-1995) para "integrar a teoria monetária e a teoria do valor" erraram o alvo, porque objetivavam reparar a

---

[14] MISES, Ludwig von. *The Theory of Money and Credit*. Irvington-on-Hudson: The Foundation for Economic Education, 2nd ed., 1971 [1952].
[15] Idem. *Ibidem.*, p. 144-145.

dicotomia fisheriana sem chegar a um acordo com o erro teórico do valor incorporado na doutrina da neutralidade da moeda.

II - O Processo Inflacionário: Mises Contra os Teóricos Quantitativos

Ao analisar as consequências sociais da inflação, Mises reconheceu que a inflação não prevista modifica as posições de riqueza relativas de credores e devedores. Também endossou a análise original de Fisher sobre o ajuste da taxa de juros nominal a uma queda prevista do poder de compra da moeda. De fato, Mises[16] considerou a ênfase na ligação entre as flutuações do valor da moeda e a formação da taxa de juros como "a contribuição mais importante de Fisher à teoria monetária". Ademais, Mises deu origem[17] ao argumento de que a inflação provoca a falsificação das contas de capital que levam a uma avaliação exagerada dos lucros, provocando o consumo não pretendido do estoque social de capital. Isso ocorre porque as cotas de depreciação para os bens de capital durante a inflação continuam a ser calculadas com base em seus custos históricos em vez de em seus custos de substituição (necessariamente mais elevados). Os empreendedores podem dispor desses lucros "contábeis" aumentando seu próprio consumo, cortando os preços para os consumidores

---

[16] MISES, Ludwig von. *On the Manipulation of Money and Credit.* Op. cit., p. 93.
[17] MISES, Ludwig von. *Nation, State, and Economy: Contributions to the Politics and History of Our Time.* Trans. Leland B. Yeager. New York: New York University Press, 1983. p. 160-63.

ou oferecendo aumentar as taxas salariais dos trabalhadores. Nos dois últimos casos, uma única redistribuição de riqueza de um grupo para outro acompanha o "consumo do capital".

O que Mises claramente considerava o efeito mais importante da inflação, no entanto, é a redistribuição permanente de renda e riqueza que resulta do ajuste sequencial e díspar dos preços a um acréscimo ao estoque de moeda. Para Mises[18], *"as consequências sociais das mudanças no valor da moeda não se limitam a alterar o conteúdo das obrigações monetárias futuras"*. De fato, tal como Mises[19] argumentou, em uma inflação continuada que vem a ser mais ou menos corretamente antecipada pelo público, os efeitos sobre as transações de crédito no curto prazo são mitigados pelo prêmio de inflação fisheriano que passa a ser incorporado aos contratos de empréstimo. No caso do crédito de longo prazo, situação na qual é muito mais difícil prever o grau exato de depreciação da unidade monetária, uma mercadoria com valor relativamente estável, tal como o ouro ou moeda estrangeira, é utilizada no lugar da moeda depreciada como o "padrão de pagamentos diferidos". Mises[20] também sugeriu que ajustar os procedimentos contábeis para que os equipamentos duráveis reflitam a substituição em vez dos custos históricos seria um método factível para reduzir grandemente ou mesmo eliminar o consumo de capital não pretendido e a concomitante redistribuição de

---

[18] MISES, Ludwig von. *On the Manipulation of Money and Credit. Op. cit.*, p. 95.
[19] Idem. *Ibidem.*, p. 94.
[20] MISES, Ludwig von. *Ação Humana: Um Tratado de Economia*. São Paulo: Instituto Ludwig von Mises Brasil, 2004.

renda dos capitalistas-empreendedores para outros grupos na sociedade, que ocorre durante a inflação.

Mises[21], portanto, argumentou (em nítido contraste com os teóricos quantitativos modernos) que a consequência social mais significativa da variação do poder de compra da moeda são as "mudanças não compensáveis" na renda e riqueza que ocorrem "*pelo timing díspar das mudanças de preços dos diversos bens e serviços*". Assim, toda mudança na quantidade de moeda deixa marcas indeléveis na estrutura de preços relativos e, portanto, no padrão de distribuição da riqueza e da renda.

Recentemente, Thomas J. Humphrey argumentou[22] que "*a posição da Escola Austríaca de que os monetaristas invariavelmente ignoram os efeitos sobre os preços relativos e na produção no mecanismo monetário*" se baseia em uma concepção equivocada. Humphrey prossegue demonstrando de maneira impressionante que os monetaristas, tais como Milton Friedman (1912-2006), bem como seus precursores, inclusive Fisher e Clark Warburton (1896-1979), na realidade levam em consideração "os efeitos *temporários* não neutros em setores reais das mudanças monetárias" (a ênfase é minha). Entretanto, obviamente, o reconhecimento somente dos efeitos no curto prazo sobre os preços relativos e sobre a produção real que são revertidos por completo e de forma inexplicável no transcurso do processo de ajuste monetário

---

[21] MISES, Ludwig von. *On the Manipulation of Money and Credit. Op. cit.*, p. 97.
[22] HUMPHREY, Thomas M. *On the Nonneutral Relative Price Effects in Monetarist Thought. Op. cit.*, p. 13.

para resultar na neutralidade da moeda no longo prazo não constitui a solução, mas sim o verdadeiro âmago do problema que os teóricos monetários austríacos identificam na teoria quantitativa fisheriana.

Humphrey entende de forma errônea o fundamento da proposição misesiana de que qualquer explicação do processo de ajuste monetário deve proceder em termos consistentes com a teoria geral do valor e com o fato inevitável de que os preços se ajustam sequencialmente ao longo do tempo. Assim, Humphrey[23] apregoa as alusões de Fisher a *"restrições contratuais, proibições legais e à inércia do costume [que] tornam rígidos os preços individuais"* como uma explicação completa e convincente dos efeitos "reais" que invariavelmente acompanham as mudanças monetárias.

Humphrey[24], ademais, afirma que os austríacos ignoram o efeito do aumento do emprego causado pela distorção temporária que a inflação provoca nos preços relativos entre o trabalho e a produção, ou seja, a taxa de salário real, um efeito que foi particularmente enfatizado por Friedman.

Na melhor das hipóteses, trata-se de uma acusação mal informada. Em um artigo publicado em 1958[25], o mesmo ano no qual o famoso artigo[26] de Alban William Phillips

---

[23] Idem. *Ibidem.*, p. 15.
[24] Idem. *Ibidem.*, p. 18.
[25] MISES, Ludwig von. "Wages, Unemployment, and Inflation". *In*: *Planning for Freedom and Sixteen Other Essays and Addresses*. South Holland: Libertarian Press, 4th ed., 1980 [1958], p. 150-61.
[26] PHILLIPS, Alban W. "The Relation between Unemployment and the Rate of Change of Money Wage Rates in the United Kingdom", 1861-1957. *In*: LINDAUER, John H. (ed.). *Macroeconomic Readings*. New York: The Free Press,

(1914-1975) foi publicado e uma década antes de Friedman ter revelado sua hipótese da "taxa natural" em seu discurso presidencial na American Economic Association [Associação Americana de Economia], Mises antecipou os pontos essenciais do artigo de Friedman. De acordo com Edwards[27], Mises estabeleceu

> [...] praticamente todos os argumentos essenciais que Friedman colocou posteriormente a respeito do assunto em seu discurso presidencial. A existência de uma taxa natural de desemprego condicionada pelo estado dos salários reais está claramente implícita [...]. A existência de um *trade-off* no curto prazo entre a inflação e o desemprego, e a não existência de um *trade-off* no longo prazo devido a algum tipo de ajuste das expectativas, são ambos elementos explícitos do argumento.

Referindo-se a um ensaio anterior[28], Edwards[29] afirma que "*Mises antecipou de forma ainda mais clara Phelps e os aceleracionistas*".

O que é ainda mais importante, para Mises, em contraste com Friedman e os teóricos da taxa natural, o "efeitos salário/desemprego real" atribuível à inflação não depende

---

1968 [1958], p. 107-19.

[27] EDWARDS, J. R. *The Economist of the Country: Ludwig von Mises in the History of Monetary Thought. Op. cit.*, p. 100.

[28] MISES, Ludwig von. "Economic Aspects of the Pension Problem". *In: Planning for Freedom and Sixteen Other Essays and Addresses*. South Holland: Libertarian Press, 4th ed., 1980 [1958], p. 83-93.

[29] EDWARDS, J. R. *The Economist of the Country: Ludwig von Mises in the History of Monetary Thought. Op. cit.*, p. 100.

da conjectura de que "*os preços de venda dos produtos tipicamente respondem a um aumento não antecipado na demanda nominal mais rápido do que os preços dos fatores de produção*"[30], combinado com um pressuposto *ad hoc* concernente à taxa relativamente lenta na qual os trabalhadores adaptam suas expectativas a respeito do poder de compra futuro da moeda à experiência de sua depreciação. De fato, na exposição passo a passo de Mises do processo de ajuste da inflação, um setor industrial pode considerar que as taxas de salário reais que deve pagar estão aumentando ou decrescendo, dependendo do ponto específico no qual a quantidade adicional de moeda incide primeiramente sobre as escalas individuais de valor e com a sequência exata dos ajustes dos saldos de caixa individuais, que são, então, postos em marcha. Assim, por exemplo, uma inflação precipitada por uma expansão dos empréstimos bancários para propósitos de investimentos de negócios ocasiona um *aumento*, e não uma queda das taxas de salário reais, e, portanto, um efeito negativo sobre o emprego nos setores industriais de capital de ordens mais baixas e de bens de consumo, isto é, aqueles setores que chegam mais tarde na cadeia de gasto dos meios fiduciários recém-criados.

---

[30] FRIEDMAN, Milton. "The Role of Monetary Policy". *In*: LEUBE, Kurt R. (Ed.). *The Essence of Friedman*. Stanford: Hoover Institution Press, 1987 [1968]. p. 395. Para uma demonstração de que a evidência histórica disponível não sustenta a hipótese de que salários geralmente ficam atrás dos preços durante a inflação, ver: ALCHIAN, Armen A. & KESSEL, Reuben A. "The Meaning and Validity of the Inflation-induced Lag of Wages behind Prices". *In*: ALCHIAN, Armen A. (Ed.). *Economic Forces at Work*. Indianapolis: Liberty Press, 1977 [1960]. p. 413-50.

Tal como Mises[31] explicou:

[...] no curso regular das operações bancárias, os bancos emitem meios fiduciários somente como empréstimos a produtores e mercadores [...]. Esses meios fiduciários são utilizados, antes de mais nada, para a produção, isto é, para comprar fatores de produção e para pagar salários. Os primeiros preços a aumentarem, portanto, como resultado de um aumento na quantidade de moeda [...] causado pela emissão de tais meios fiduciários, são os preços das matérias-primas, dos produtos semimanufaturados, de outros bens de ordens mais elevadas e as taxas salariais. Somente mais tarde vem o aumento dos preços dos bens de primeira ordem [i.e., dos bens de consumo].

Neste caso, que ainda ocorre com regularidade nas economias modernas, dado que o aumento das taxas salariais antecede o aumento dos preços dos bens de consumo, a inflação não antecipada não produz o paradigmático efeito friedmaniano entre o salário real e o emprego.

Mises[32] apreciou, mais ainda, que a emissão de novos meios fiduciários por intermédio da expansão do crédito bancário para os negócios inicia um processo de depreciação monetária que tipicamente "seguirá por um caminho diferente e apresentará efeitos colaterais na sociedade distintos daqueles produzidos por uma nova descoberta de metais preciosos ou pela emissão de papel-moeda". No caso das duas

---

[31] MISES, Ludwig von. *On the Manipulation of Money and Credit*. Op. cit., p. 120-21.
[32] Idem. *Ibidem.*, p. 121-22.

últimas fontes de nova moeda, o processo subsequente de depreciação pode caracterizar o fenômeno das taxas salariais em geral, ficando atrás do aumento do preço das mercadorias e resultando em um declínio geral das taxas de salário reais e no fenômeno da "poupança forçada", isto é, a redistribuição de riqueza e de renda dos assalariados para os empreendedores. Mises[33] chegou a admitir que tal efeito sobre as taxas de salário reais pode ocorrer "*se a depreciação monetária é produzida por uma emissão de meios fiduciários, e se as taxas salariais, por alguma razão, não acompanham prontamente o aumento dos preços das mercadorias*".

Assim, Mises[34] foi inflexível em sua conclusão de que, em uma economia com mercados de trabalho desimpedidos:

> [...] em primeiro lugar, é preciso se dar conta de que a inflação pode provocar uma poupança forçada, mas não necessariamente. Conforme as circunstâncias particulares de cada situação inflacionária, o aumento dos salários poderá ou não atrasar em relação ao aumento dos preços das mercadorias. Uma diminuição do poder aquisitivo da unidade monetária não implica, necessariamente, numa queda dos salários reais. Pode ocorrer que os salários nominais subam mais, ou antes, do que os preços das mercadorias.

A análise de Mises o levou a procurar em outra direção por uma explicação para o efeito positivo observado da

---

[33] Idem. *Ibidem.*, p. 121.
[34] MISES, Ludwig von. *Ação Humana. Op. cit.*, p. 628.

inflação sobre o emprego do trabalho. Sua explicação começa com as condições iniciais prevalecentes de excesso de oferta nos mercados de trabalho que são prejudicados por leis de salário mínimo e pelas políticas restricionistas dos sindicatos legalmente privilegiados. É sob essas condições, que prevaleceram na maior parte das economias industriais desde os anos 1920, que a inflação não antecipada via expansão dos créditos bancários pode diminuir as taxas de salário reais na direção dos níveis de compensação do mercado e aumentar o emprego do trabalho. Tal como Mises[35] argumentou:

> Sob as condições do grande aumento [inflacionário], as taxas de salário nominais, que antes da expansão creditícia eram muito elevadas para o estado do mercado e, portanto, produziam o desemprego de uma parte da força de trabalho potencial, não estão mais tão altas e os desempregados podem conseguir trabalho novamente. Entretanto, isso ocorre somente porque sob as condições monetárias e creditícias modificadas os preços estão subindo, ou, em outras palavras, o poder de compra da unidade monetária cai [...] a inflação pode curar o desemprego somente encurtando os salários reais dos assalariados.

Tanto Mises quanto Friedman reconhecem que, quando os trabalhadores descobrem que suas taxas de salário reais foram erodidas pela inflação, as curvas de oferta de trabalho no espaço dos salários nominais se deslocam para a esquerda, conduzindo as taxas de salário reais para seus níveis iniciais.

---

[35] MISES, Ludwig von. *Wages, Unemployment, and Inflation. Op. cit.*, p. 154.

Para Friedman, as forças monetárias inflacionárias deslocaram a economia real, e esse contramovimento, portanto, representa seu retorno ao estado de quase equilíbrio real da "taxa natural de desemprego", em suas palavras[36], "*o nível que seria eliminado pelo sistema walrasiano de equações do equilíbrio geral, desde que nelas residam as características estruturais reais dos mercados de trabalho e de mercadorias*". Na análise de Mises, em contraste, a reversão da queda das taxas de salário reais ocorre porque

> [...] os sindicatos exigem novos aumentos salariais para acompanhar o aumento do custo de vida e acabamos voltando para onde estávamos antes, isto é, para uma situação na qual o desemprego em larga escala pode ser evitado somente por intermédio de mais expansões creditícias[37].

Diferentemente dos teóricos de preços de Chicago, Mises e a ala misesiana da Escola Austríaca moderna não acreditam que a economia de mercado possa estar jamais em, ou mesmo à vista de, um equilíbrio geral no longo prazo[38]. Mais propriamente, a estrutura dos preços de compensação de mercado realizados é vista pelos austríacos como funcionando, a

---

[36] FRIEDMAN, Milton. *The Role of Monetary Policy*. Op. cit., p. 394.
[37] MISES, Ludwig von. *Wages, Unemployment, and Inflation*. Op. cit., p. 154-155.
[38] Tal como argumentei em outra parte (SALERNO, Joseph T. "Mises and Hayek Dehomogenized". *The Review of Austrian Economics*, Vol. 6, No. 2 (1993):113-46. Publicado também como: SALERNO, Joseph T. "Mises e Hayek Desomogeneizados". *MISES: Revista Interdisciplinar de Filosofia, Direito e Economia*. Vol. II, No. 2 (Julho-Dezembro 2014):651-76), os misesianos contemporâneos diferem nitidamente dos hayekianos contemporâneos sobre esse assunto.

despeito de seu caráter de não equilíbrio geral, para coordenar continuamente as utilizações e as combinações técnicas dos recursos disponíveis à luz das previsões empreendedoras de mudanças constantes nas condições futuras do mercado, inclusive as preferências dos consumidores[39]. Assim, para Mises, em contraste direto com Friedman, o que está se equilibrando é o declínio das taxas de salário reais em direção aos níveis de compensação do mercado, produzido pela inflação não antecipada; a subsequente restauração do nível das taxas de salário reais anterior pela renovação das restrições sindicais, por outro lado, marca um retorno a uma situação pervasiva e crônica de desequilíbrio na qual o mercado de trabalho se encontra impedido de estabelecer até mesmo um equilíbrio momentâneo da oferta e da demanda, enquanto a *tendência* de longo prazo do mercado para gerar uma estrutura

---

[39] Assim, Mises (ver: MISES, Ludwig von. *The Ultimate Foundation of Economic Science: An Essay on Method*. Kansas City: Sheed Andrews and McMeel, Inc., 2nd ed., 1978. p. 65) descreveu o mercado como "a essência da coordenação de todos os elementos de oferta e demanda". Para um tratamento desse conceito de "coordenação de preços" instante a instante como fundamento das teorizações macroeconômicas austríacas, ver: SALERNO, Joseph T. SALERNO, Joseph T. "Commentary: The Concept of Coordination in Austrian Macroeconomics". *Op. cit*. Ver também as discussões pioneiras de William H. Hutt (1899-1988): HUTT, William H. *A Rehabilitation of Say's Law*. Athens: Ohio University Press, 1975; HUTT, William H. *The Keynesian Episode: A Reassessment*. Indianapolis: Liberty Press, 1979. p. 137-77. Hutt nomeou e formalizou o conceito de "coordenação de preços" e foi o primeiro a elaborar sua relevância para os temas macroeconômicos, embora tenha sido durante muito tempo parte essencial da macroeconomia clássica e austríaca. Uma visão panorâmica das contribuições de Hutt à teoria econômica pode ser encontrada em: SALERNO, Joseph T. *William H. Hutt*. Disponível em: http://mises.org/daily/3915, acesso em 24/fev/2020.

de equilíbrio final das taxas salariais e uma alocação ótima do trabalho é permanentemente sufocada.

Em sua crítica aos monetaristas por minimizarem o papel dos sindicatos na formação do processo inflacionário, Gottfried Haberler (1900-1995)[40] apresenta uma análise misesiana do que identifica como uma "inflação salarial" alimentada pela moeda[41] e argumenta que os monetaristas assumem implicitamente

---

[40] HABERLER, Gottfried. *Economic Growth & Stability: An Analysis of Economic Change and Policies.* Los Angeles: Nash Publishing, 1974. p. 105.

[41] Para Haberler (Idem. *Ibidem*, p. 101-02), tanto a inflação puxada pela demanda quanto a inflação empurrada pelos custos "[...] são monetárias no sentido importante de que exigem expansão monetária [...]. Nunca houve, literalmente nunca até onde sei, um caso de inflação sustentada sem um aumento de M". Para a continuidade das influências austríacas sobre Haberler e a orientação de seu trabalho posterior como acadêmico americano, ver: SALERNO, Joseph T. *Gottfried Haberler.* Disponível em: http://mises.org/resources/3232, acesso em 24/fev/2020. Uma explicação similar para a relação entre sindicatos, desemprego e inflação pode ser encontrada em: HAYEK, F. A. "The Use of Knowledge in Society". *In*: HAYEK, F. A. *Individualism and Economic Order.* Chicago: Henry Regnery Company, 1972 [1945]. p. 53-97. A perspectiva que atribui um importante papel aos sindicatos na promoção e condicionamento do processo inflacionário foi descrita como "haberleriana" por Friedman e "pigoviana/hayekiana/ haberleriana" por Lionel Robbins (1898-1984) (ROBBINS, Lionel et al. *Inflation: Causes, Consequences, Cures: Discourses on the Debate between the Monetary and Trade Union Interpretations.* Levittown: Transatlantic Arts, Inc., 1974. p. 44). Entretanto, ambos os rótulos ofuscam as contribuições de Mises mencionadas acima e o fato de que Mises (*On the Manipulation of Money and Credit. Op. cit.*, p. 173-203) delineou o argumento já em 1931, em uma publicação em língua alemã, abordando as causas da profundidade e persistência sem precedentes da Grande Depressão. Para evidências que suportam a visão austríaca em contraste com a perspectiva friedmaniana da influência dos sindicatos no desemprego, ver: VEDDER, Richard K. & GALLAWAY, Lowell E. *Out of Work: Unemployment and Government in Twentieth-Century America.* New York: Holmes & Meier, 1993.

[...] umas poucas ilhas de monopólio em um vasto oceano competitivo; onde havia monopólios, os salários e preços seriam maiores, e a produção e o consumo seriam menores, porém, o desemprego seria transitório e moderado porque o trabalho e outros recursos produtivos liberados nas áreas monopolizadas encontrariam emprego, por salários um tanto mais baixos, no grande setor competitivo.

Embora Haberler[42] conteste a validade empírica desse pressuposto mesmo para as condições prevalecentes na economia norte-americana no início dos anos 1970, o ponto significativo para nossa discussão é que a análise monetarista é aplicável somente àquelas situações nas quais o pressuposto em questão é verdadeiro. Evitando o foco monetarista no equilíbrio geral, Mises[43] atribuiu explicitamente sua análise do processo de ajuste inflacionário moderno à existência do que chamou de desemprego "institucional" do trabalho criado por políticas públicas que fomentam o "restricionismo" dos sindicatos e a rigidez salarial.

Ao propor sua nova teoria da atividade dos sindicatos, Mises[44] argumentou que os sindicatos não se preocupam com a configuração da curva de demanda para seus produtos porque *"não têm por objetivo taxas de salário monopolistas"*. Os sindicatos são organizações "restricionistas" e não monopolistas porque *"não se preocupam com o que pode acontecer com*

---

[42] HABERLER, Gottfried. *Economic Growth & Stability*. Op. cit., p. 106.
[43] MISES, Ludwig von. *Theory and History: An Interpretation of Social and Economic Evolution*. Auburn: Ludwig von Mises Institute, 1985 [1957]. p. 76-81.
[44] Idem. *Ibidem*, p. 87-81.

a parte da oferta à qual barram o acesso ao mercado". Enquanto uma política de preços monopolista é vantajosa somente se a renda auferida total a preços monopolistas se iguala ou excede a receita auferida total a preços competitivos (ou se o custo total cai mais rapidamente do que a receita total entre os preços competitivos e monopolistas),

> A ação restritiva, por outro lado, é sempre vantajosa para o grupo privilegiado e desvantajosa para aqueles que são excluídos do mercado. Invariavelmente, aumenta o preço unitário e, portanto, a receita líquida do grupo privilegiado. As perdas do grupo excluído do mercado não são consideradas pelo grupo privilegiado[45].

Uma importante aplicação da análise de Mises é que a capacidade dos sindicatos para restringir a oferta nos mercados de trabalho é muito maior e menos previsível do que seria o caso se estivessem meramente engajados na busca dos preços monopolistas, pois, no caso do restricionismo, a mudança desejada da curva de oferta para a esquerda não pode ser explicada unicamente com base na configuração das curvas de receita total e de custo total. Assim, se aceitamos a aplicação de Mises da atividade dos sindicatos, as taxas salariais reais podem não ser determinadas em um modelo de equilíbrio geral estritamente cataláctico a partir do qual o

---

[45] MISES, Ludwig von. *Ação Humana. Op. cit.*, p. 440. Uma discussão esclarecedora da "precificação do trabalho restricionista" pode ser encontrada em ROTHBARD, Murray N. *Man, Economy, and State. Op. cit.*, Vol. 2. p. 620-29.

conceito de uma taxa natural de desemprego é deduzido. Isso significa que os economistas teriam de tirar suas suposições sobre os objetivos e planos dos sindicatos de fora do sistema de teoremas catalácticos, isto é, a partir da análise histórica. Precisam, portanto, estar preparados para admitir que esses objetivos estão aptos a mudar, possivelmente de forma rápida, produzindo mudanças correspondentes na taxa natural e, portanto, minando a utilidade prática do conceito.

A posição misesiana foi reconhecida e desafiada por teóricos do desequilíbrio monetário, tais como Dan E. Birch, Alan A. Rabin e Leland B. Yeager[46]. Embora também rejeitem a explicação de Friedman a respeito do efeito positivo da inflação sobre o emprego e o produto real, não aceitam a explicação do fenômeno proporcionada por William H. Hutt[47], que é essencialmente a perspectiva de Mises-Haberler apresentada acima. De fato, descartam-na por completo porque ousa sugerir que uma "vilania" ocorre no processo de precificação do trabalho restricionista por sindicatos e governos[48].

---

[46] BIRCH, Dan E. ; RABIN, Alan A. & YEAGER, Leland B. "Inflation, Output, and Employment: Some Clarifications". *Economic Inquiry*, vol. 20 (April 1982): 209-21.

[47] A análise de Hutt sobre a inflação empurrada pelos custos ou pelos salários pode ser encontrada em: HUTT, William H. *The Strike-Threat System: The Economic Consequences of Collective Bargaining*. New Rochelle: Arlington House, 1973. p. 252-70.

[48] Idem. *Ibidem*, p. 213-14. Hutt parece ter desenvolvido sua própria posição a respeito desse assunto independentemente da influência direta de Mises e dos austríacos, tendo sido fortemente influenciado durante os anos de formação como economista nos anos 1920 e 1930 por seu professor Edwin Cannan (1861-1935) e por outros economistas da London School of Economics (LSE). Os economistas da LSE colocavam ênfase na função coordenadora do processo de mercado como

Hutt refutou um artigo anterior de Yeager que argumentava que o encolhimento do produto real abaixo de seu nível potencial é geralmente atribuível a mudanças imprevistas na despesa monetária agregada, que geram "restrições sobre a renda" de desequilíbrio do tipo de Clower-Leijonhufvud. De acordo com Hutt:

> [...] a continuidade crucial [do processo de compensação do mercado] é *sempre* dependente da valoração e dos preços, independentemente de se a política monetária é flexível, rígida, inflacionária ou deflacionária – ou seja, independentemente dos fatores que determinam o poder de compra da unidade monetária[49]. Em outra parte, Hutt respondeu a um argumento similar de Axel Leijonhufvud observando que "[...] a taxas salariais iguais ao 'produto *potencial* marginal', todo o trabalho é imediatamente empregável"[50] (a ênfase é minha).

III - A Teoria Misesiana das Expectativas

Isto nos leva à questão controversa da abordagem de Mises da teoria da formação e ajuste das expectativas, e da sua visão acerca do papel que as expectativas desempenham

---

a solução para a persistência dos níveis depressivos de desemprego de recursos e produto agregado real. Ver: SALERNO, Joseph T. "Reply to Leland Yeager on 'Mises and Hayek on Calculation and Knowledge'". *The Review of Austrian Economics*, Vol. 7, No. 2 (1994):111-25.

[49] HUTT, William H. *A Rehabilitation of Say's Law. Op. cit.*, p. 64.
[50] HUTT, William H. *The Keynesian Episode. Op. cit.*, p. 284.

no ajuste das variáveis reais à inflação monetária. Edwards[51] argumenta que "*as afirmações de Mises sobre o ajuste e os efeitos das expectativas em* The Theory of Money and Credit *parecem conter duas atitudes e mecanismos associados distintos e um tanto contraditórios*". Ele também aduz evidências de que Mises mudou de um lado para o outro nesta obra entre as abordagens das expectativas adaptativas e das expectativas racionais. De fato, em alguns pontos de seus escritos, Mises também parece ter empregado o pressuposto de que as expectativas acerca dos movimentos futuros do poder de compra da moeda são "rigidamente inelásticas" com respeito às mudanças correntes nos preços realizados e que, portanto, antecipa-se que tais movimentos serão completamente invertidos no curso do horizonte de planejamento do agente[52]. Em outros momentos, Mises[53] considera as expectativas aparentemente "desarticuladas" da experiência recente das condições objetivas do mercado, portanto um pequeno aumento na quantidade de moeda subsequente a um prolongado interlúdio de estabilidade de preços pode impulsionar rapidamente a demanda por moeda para zero e precipitar uma espiral ascendente de preços explosiva. Mises também caracterizou as ações simultâneas de diferentes grupos de indivíduos

---

[51] EDWARDS, J. R. *The Economist of the Country*. Op. cit., p. 100.
[52] Para a análise de John Richard Hicks (1904-1989) a respeito do conceito de elasticidade das expectativas, ver: HICKS, John R. *Value and Capital: An Inquiry into Some Fundamental Principles of Economic Theory*. New York: Oxford University Press, 2nd ed., 1968 [1946], p. 206-40.
[53] MISES, Ludwig von. "The Great German Inflation". *In*: EBELING, Richard M. (Ed.). *Money, Method, and the Market Process*. Norwell: Kluwer Academic Publishers, 1990 [1932], p. 102-03.

operando em mercados diversos como frequentemente dominadas por tipos distintos de expectativas inflacionárias. Sem embargo, as "contradições" que Edwards[54] detecta entre as várias afirmações de Mises a respeito das expectativas inflacionárias são apenas superficiais e resolvidas no marco de uma abordagem praxiológica-histórica integrada da natureza e formação das expectativas.

De acordo com Mises, toda ação humana tem por objetivo levar a um estado de coisas mais satisfatório (do ponto de vista do agente) do que o estado que resultaria na ausência da ação. Como há um lapso de tempo entre o início e o resultado de toda ação, as condições futuras que uma ação irá originar e transformar nunca podem ser conhecidas com certeza, porém devem ser previstas pelo agente. Assim, a ação humana é inerentemente empreendedora, ou, como Mises[55] coloca, "toda ação é especulação, isto é, orientada por uma opinião definida relativa às condições incertas do futuro".

Entretanto, embora a praxiologia possa estabelecer de maneira indisputável as expectativas como um pré-requisito lógico para todo ato de escolha, não pode lançar luz sobre o conteúdo ou a evolução temporal das expectativas. A praxiologia lida com a estrutura lógica e as implicações da ação e, como tal:

---

[54] EDWARDS, J. R.. *The Economist of the Country: Ludwig von Mises in the History of Monetary Thought*. *Op. cit.*, p. 104.
[55] MISES, Ludwig von. *The Ultimate Foundation of Economic Science*. *Op. cit.*, p. 51.

> [...] não se preocupa com os eventos que, no interior da alma, da mente ou do cérebro de um homem produzem uma escolha definida entre um A e um B [...]. Seu assunto não é o conteúdo desses atos de escolha, mas o que deles resulta: a ação[56].

Para percepções a respeito do processo concreto de formação das expectativas, Mises[57] nos orienta ao método do "entendimento específico" (*Verstehen*) tal como é utilizado nas disciplinas históricas e "tal como é praticado por todos em todas as suas relações e ações inter-humanas".

O entendimento específico que é levado a cabo pelo historiador na explicação de eventos passados é um processo mental que

> [...] estabelece, por um lado, o fato de que, motivadas por determinados juízos de valor, as pessoas se engajaram em certas ações e aplicaram certos meios para alcançar os fins que procuram. Tenta, por outro lado, avaliar os efeitos e a intensidade dos efeitos de uma ação, bem como sua influência sobre o curso futuro dos acontecimentos[58].

Essa maneira de proceder se baseia nas percepções do que costumava ser ridicularizado por psicólogos experimentais como "psicologia literária", uma disciplina que Mises[59] reapelidou de "timologia". A palavra deriva do termo grego clássico

---

[56] MISES, Ludwig von. *Theory and History*. Op. cit., p. 271.
[57] Idem. *Ibidem*., p. 310.
[58] Idem. *Ibidem*., p. 264-65.
[59] Idem. *Ibidem*., p. 265.

que denota a faculdade mental que se acreditava ser a fonte do pensamento, da volição e da emoção. Segundo Mises[60], a timologia é, em si mesma, uma disciplina histórica que:

> [...] deriva conhecimento da experiência histórica [das] observações tanto das escolhas das outras pessoas quanto das próprias escolhas do observador [...]. É o que um homem conhece a respeito da maneira como as pessoas valorizam condições diferentes, a respeito de suas vontades e desejos e de seus planos para realizar essas vontades e desejos. É o conhecimento do ambiente social no qual um homem vive e age ou, em concordância com os historiadores, de um ambiente estrangeiro sobre o qual aprendeu estudando fontes especiais.

O método timológico permite ao historiador "entender" um evento histórico completo, no sentido dual de enumerar suas causas, na medida em que decorrem de valores e volições humanas, bem como ponderar a contribuição de cada uma das causas para o resultado observado. Os pesos dos diversos fatores causais, obviamente, não podem ser determinados quantitativa e mecanicamente, pois são assunto dos necessariamente subjetivos "juízos de relevância"[61] do historiador. Assim como a experiência timológica serve como base para o entendimento interpretativo do historiador a respeito dos eventos passados (na medida em que dependem de causas sociais e não naturais), também condiciona o "entendimento

---

[60] Idem. *Ibidem*, p. 272; 266.
[61] MISES, Ludwig von. *Ação Humana. Op.cit.*, p. 85-86.

específico a respeito de eventos futuros" do agente ou, na terminologia corrente, a formação de suas expectativas com relação ao futuro.

Assim como o historiador, o indivíduo agente deve basear sua previsão das condições futuras em um entendimento tanto dos fatores que operam ou que possivelmente irão operar para produzir o resultado futuro quanto do grau de influência exercida por cada um desses fatores na emergência do resultado final. Esses dois problemas, contudo, isto é, de "enumeração" e de "ponderação", são precisamente os problemas que precisam ser solucionados pelo historiador que busca explicar a emergência da mesma situação em retrospecto. Ademais, conforme Mises[62] assinalou, "A precariedade das previsões se deve principalmente à complexidade deste segundo problema [de ponderação]. Não é apenas uma questão bastante intrigante na previsão de eventos futuros. Não é menos intrigante, em retrospecto, para o historiador".

Devemos enfatizar o fato de que tanto o historiador quanto o indivíduo agente precisam utilizar o método timológico para resolver o mesmo tipo de problema e que Mises[63] se referiu a eles, respectivamente, como "o historiador do passado" e "o historiador do futuro".

Conforme observado anteriormente, no que diz respeito às expectativas, tudo o que pode ser inferido logicamente a partir do axioma da ação (que estabelece que os indivíduos se comportam propositadamente utilizando meios para atingir

---

[62] MISES, Ludwig von. *Theory and History*. Op. cit., p. 314.
[63] Idem. *Ibidem.*, p. 320.

fins) é que constituem uma categoria universal da ação, porque todas as ações são necessariamente orientadas para o futuro e ocorrem sob condições de incerteza. A dedução lógica a partir do axioma da ação não proporciona ao economista informações a respeito do conteúdo e ajuste das expectativas; tampouco é permitido, a partir do ponto de vista de Mises, que o economista simplesmente "suponha" um mecanismo de ajuste das expectativas para o propósito de produzir hipóteses testáveis a respeito das variáveis econômicas observadas. Pressupostos a respeito das expectativas que serão utilizados para suplementar o axioma da ação na dedução de teoremas catalácticos, assim como muitos dos outros pressupostos subsidiários do raciocínio praxiológico, devem ser obtidos a partir da experiência timológica geral do teórico ou a partir de pesquisas históricas mais formais. Mises[64] enfatizou que a incorporação de tais pressupostos baseados na experiência às cadeias da dedução praxiológica não alteram o caráter rigidamente formal e apriorístico da teoria econômica, mas a torna útil para compreender fenômenos específicos da vida e da ação humana. Sem tal delimitação estrita de seus pressupostos, a praxiologia – e, portanto, também a economia – perderia sua função como ciência e se tornaria meramente uma "ginástica mental ou um passatempo lógico".

Assim, por exemplo, um tratamento do processo de ajuste inflacionário que se baseia na hipótese das expectativas racionais de que "*as expectativas subjetivas não observáveis dos indivíduos são exatamente as verdadeiras expectativas*

---

[64] MISES, Ludwig von. *Ação Humana. Op. cit.*, p. 94-99.

condicionais matemáticas implicadas pelo modelo [de equações macroeconômicas simultâneas] em si mesmo"[65] pode proporcionar um exercício praxiológico interessante, embora ocioso, mas não proporciona verdades científicas a respeito de processos inflacionários do mundo real. Tal hipótese contradiz umas das conclusões mais gerais e importantes da timologia que deve ser aceita como um dado da teorização econômica, a saber, que existe uma gama ampla e imprevisível de diferenças entre os seres humanos em suas habilidades para antecipar e se ajustar às mudanças[66]. A abordagem das expectativas racionais também rejeita a percepção timológica de que as doutrinas econômicas falsas podem condicionar de maneira poderosa as previsões do público, inclusive de banqueiros e de empreendedores, a respeito do futuro. A influência dessas doutrinas sobre a atividade econômica é particularmente poderosa quando são alimentadas por ideologias políticas populares, como foi e ainda é o caso da "falácia do dinheiro barato" e da "teoria do balanço de pagamentos" para as taxas de câmbio. De forma similar, doutrinas econômicas equivocadas também podem ser promovidas pela leitura superficial dos leigos sobre a longa experiência cataláctica. Considere, por exemplo, a doutrina que reza que variações no poder de compra a moeda são causadas unicamente por evento extraordinários que emanam do lado das mercadorias da economia. Essa doutrina, que

---

[65] BEGG, David K. H. *The Rational Expectations Approach in Macroeconomics: Theories and Evidence*. Baltimore: The Johns Hopkins University Press, 1982. p. 30.

[66] MISES, Ludwig von. *Ação Humana. Op. cit.*, p. 312.

dominou os escritos econômicos até meados do século XVI e as opiniões dos leigos até as inflações que se seguiram à Primeira Guerra Mundial, e que continuou subjacente aos procedimentos contábeis convencionais até as inflações da década de 1970, é um precipitado da experiência secular com padrões monetários baseados em mercadorias.

Dado que a própria função da timologia é proporcionar ao indivíduo agente informações a respeito dos fatores sociais que estão ou que estarão operando para promover ou obstruir a consecução de seus objetivos, também é inconsistente com o pressuposto das expectativas adaptativas, que considera os agentes econômicos como evitando toda investigação causal, ao passo que tentam prever os valores futuros de uma variável econômica extrapolando mecanicamente a partir de seus erros passados cometidos na previsão da mesma variável. Para Mises[67], um ser se torna "timologicamente humano" assim que começa a buscar meios específicos a serem aplicados para conseguir objetivos definidos, e portanto começa a investigar as relações causais entre os diversos elementos em seu ambiente social e físico. Como resultado, todos os participantes do mercado, quando formulam o entendimento específico do futuro que orienta suas atividades catalácticas, são, em algum grau, dependentes de suas habilidades empreendedoras, responsivos aos fatores causais que determinam as quantidades econômicas potenciais. No mercado, como em todo departamento das relações sociais, portanto, *"todos se encontram*

---

[67] MISES, Ludwig von. *The Ultimate Foundation of Economic Science. Op. cit.*, p. 49.

ávidos para obter informações a respeito das valorações e planos dos demais, e para avaliá-los corretamente"[68].

O método timológico para lidar com as expectativas também se encontra em antagonismo com a posição proclamada por Ludwig Lachmann[69], o expoente tardio do "subjetivismo radical" shackliano, de que as expectativas são "autônomas" no mesmo sentido das preferências humanas e que, portanto, o economista é "incapaz de postular qualquer modo particular de mudança". Em tal mundo de expectativas divergentes e em mudança imprevisível, e das alterações especulativas nas curvas de oferta e demanda que evocam continuamente, de acordo com Lachmann[70] o fato de que os preços realizados compensam continuamente o mercado "significa pouca coisa". Tal visão radicalmente niilista da característica de coordenação de preços da economia de mercado resulta de ignorar o fato de que as expectativas de um indivíduo decorrem da experiência timológica e cataláctica. Essa perspectiva foi há muito refutada por Arthur W. Marget (1899-1962)[71], nos seguintes termos:

> A menos que estejamos dispostos a tornar o assim chamado "método das expectativas" no tipo de *deus ex machina* que [...] conduziria à "liquidação completa da economia como uma

---

[68] MISES, Ludwig von. *Theory and History. Op. cit.*, p. 265.
[69] LACHMANN, Ludwig M. *From Mises to Schackle*, p. 129.
[70] Idem. *Ibidem.*, p. 130.
[71] MARGET, Arthur W. *The Theory of Prices: A Re-Examination of the Central Problem of Monetary Theory*. New York: Augustus M. Kelley, 1966 [1938-42]. 2 vols. p. 228-30, 238 fn. 34, 456.

ciência", devemos prosseguir com a suposição [apoiada pela timologia] de que as expectativas são o que são em grande parte como resultado da experiência dos processos econômicos tal como realmente foram realizados no passado e como estão sendo atualmente realizados no presente.

Assim, as "expectativas" ajudam a determinar os preços "realizados". Mas os preços assim "realizados" *ajudam a determinar as expectativas com respeito à evolução futura dos preços* [...]. Quando, portanto, é dito que o "equilíbrio" é "indeterminado" sempre que "a posição final depende do caminho seguido", tudo o que isto pode significar é que o funcionamento efetivo do processo econômico não pode ser considerado completo enquanto não se tenta, *com base em um estudo dos passos sucessivos e efetivamente realizados em qualquer processo econômico que realmente se desdobra no tempo*, estabelecer a natureza das considerações suscetíveis de determinar a natureza das respostas empresariais às alterações da situação do mercado, *inclusive a natureza possivelmente mutável dos objetivos cuja consecução essas respostas se destinam a ajudar* [...]. Insistimos fortemente na necessidade de acompanhar qualquer utilização de uma ênfase sobre as "expectativas" pelo rastreamento dos processos realizados em todos os detalhes possíveis, para que esses *processos realizados* possam ser relacionados com toda a precisão possível às expectativas que os condicionam e às quais dão origem. [Todas as ênfases na passagem são de Marget].

Contrariamente às alegações de Lachmann, portanto, a estrutura dos preços realizados instante a instante pode ser explicada como um resultado coordenativo de antecipações especulativas passadas e sempre falíveis, embora ainda permaneçam como um fator significativo na explicação das previsões empreendedoras atuais e das avaliações de preços que moldam o curso futuro do processo de mercado. As expectativas não são, portanto, "autônomas"; são rigidamente circunscritas pelos objetivos escolhidos pelos atores, pela experiência dos sucessos e fracassos que adquiriram na busca desses e de objetivos anteriores, bem como de sua habilidade empreendedora, isto é, sua aptidão para selecionar informações e deduzir implicações relevantes para suas ações futuras a partir de sua experiência. Tampouco é *"impossível derivar estados de expectativas grupais a partir de seu estado de conhecimento"*[72]; como elemento integrante do processo humano de escolhas, as expectativas são passíveis de serem descobertas pelos métodos da timologia regularmente empregados na vida cotidiana e por intermédio da pesquisa histórica, sendo portanto também acessíveis para o economista. Consequentemente, na sentença final da citação anterior, Marget argumentou com perspicácia que a informação a respeito do processo de formação de expectativas somente pode ser derivada da experiência timológica ou da investigação histórica dos processos de mercado "realizados".

Ironicamente, Lachmann[73], a despeito de sua fortemente proclamada posição antipositivista e subjetivista radical,

---

[72] LACHMANN, Ludwig M. *The Meaning of the Market Process.* New York: Basil Blackwell Inc., 1986. p. 29.

[73] Idem. *Ibidem.*

declarou que o conhecimento timológico de um ator *"deve sempre permanecer problemático no sentido em que o conhecimento [do ator] das moléculas, das máquinas ou do corpo humano não é"*[74]. No entanto, conforme enfatizado por Mises, enquanto o conhecimento timológico baseado na experiência é "categoricamente diferente" dos "fatos" estabelecidos experimentalmente das ciências naturais, é, sem embargo, conhecimento real, e como tal é também indispensável para o planejamento da ação. *"Conhecer as reações futuras das outras pessoas é a primeira tarefa do homem agente."*[75]

O conhecimento acerca dos eventos futuros que a timologia proporciona não se dá em termos de probabilidades estatísticas ou de "classe", é verdade, mas em termos de probabilidades organizadas ou de "caso"[76]. Por exemplo, é por meio da experiência timológica que eu "sei" (enquanto escrevo isto, em 1993) que a probabilidade de cada um dos eventos seguintes ocorrerem em 1994 é negligenciável e certamente muito menor do que a probabilidade de, por exemplo, o projeto de Bill Clinton (1946-) para a saúde ser aprovado no Congresso sem modificações significativas; que eu seja

---

[74] Hans-Hermann Hoppe evidencia o erro lógico na afirmação frequentemente repetida de Lachmann de que o "futuro é incognoscível", em particular estados futuros do conhecimento e ações. Ver: HOPPE, Hans-Hermann. *Praxeology and Economic Science*. Auburn: Ludwig von Mises Institute, 1988. p. 48 fn. 37.

[75] MISES, Ludwig von. *Theory and History*. *Op. cit.*, p. 311.

[76] Nesse aspecto em particular, a teoria de Mises do risco e da incerteza se assemelha à de John Maynard Keynes (1883-1946). Para uma discussão desse aspecto da teoria de Keynes, ver: SALERNO, Joseph T. "The Development of Keynes's Economics: From Marshall to Millennialism". *The Review of Austrian Economics*, Vol. 6, No. 1 (1992): 9-10; 46-47.

destacado para substituir o príncipe Charles como herdeiro do trono britânico; que os Estados Unidos da América voltem a ser uma monarquia; que o futebol americano profissional (*football*) perca em popularidade para o futebol profissional nos Estados Unidos (*soccer*). Eu e multidões de outros regularmente e com sucesso levamos em consideração probabilidades cognoscíveis tais como essas timologicamente, porém não estatisticamente, no planejamento de ações futuras.

A partir de uma perspectiva timológica, não somente a posição lachmanniana, mas também a posição hayekiana sobre as expectativas, elaborada com maestria nos escritos de Israel M. Kirzner[77], devem ser rejeitadas. As expectativas de disparidades de lucro entre os preços futuros da produção e os preços dos recursos não se formam apenas com base no "estado de alerta" com respeito às informações sobre estruturas de preços do passado; não aprendemos nada diretamente a respeito do futuro meramente absorvendo, seja passivamente ou estando alertas, informações sobre os resultados de processos de mercado realizados[78]. Apreciações empreendedoras de estruturas de preços futuras são o resultado de um entendimento específico das condições do mercado futuro que precisam ser produzidas ativamente

---

[77] KIRZNER, Israel M. *Competition and Entrepreneurship*. Chicago: The University of Chicago Press, 1973; KIRZNER, Israel M. *Perception, Opportunity, and Profit: Studies in the Theory of Entrepreneurship*. Chicago: University of Chicago Press, 1979.

[78] Diversos aspectos dessa controvérsia são revistos criticamente em: SALERNO, Joseph T. "Ludwig von Mises as Social Rationalist". *The Review of Austrian Economics*, vol. 4 (1990): 26-54; SALERNO, Joseph T. "Mises and Hayek Dehomogenized". *Op. cit.*

recorrendo de forma deliberada às percepções e experiências timológicas para acessar informações a respeito dos preços passados. Tal "conhecimento" sobre oportunidades futuras de lucro acentuadamente não está, portanto, incorporado às sinalizações de preços objetivas (desequilíbrio) do passado imediato; sua fonte é mais propriamente interna, apoiada na percepção timológica e impingindo sobre eventos externos somente por intermédio das ações que motiva.

O conhecimento proporcionado pela investigação timológica das atividades humanas realizada no mercado ou em outra parte está incorporado ao que Mises[79] chamou de "tipos ideais". Por exemplo, a explicação teórica da hiperinflação alemã do início dos anos 1920 pode empregar os tipos ideais distintos "trabalhador industrial alemão", "empreendedor alemão", "especulador alemão de câmbio" e assim por diante, dependendo da leitura que o analista econômico faz do registro histórico, que inclui sua própria experiência direta caso seja relevante. Cada um desses tipos ideais difere dos demais em termos das experiências, reações e apreciações que postula com respeito à depreciação do marco alemão. Somente o entendimento baseado na experiência e no estudo cuidadoso do registro histórico pode decidir se o conteúdo e o número de tipos ideais a serem introduzidos em diferentes pontos da cadeia praxiológica de deduções teóricas são adequados. Por exemplo, pode ser útil distinguir entre o "empreendedor alemão de 1919" e o "empreendedor alemão

---

[79] MISES, Ludwig von. *Theory and History. Op. cit.*, p. 315-20; MISES, Ludwig von. *Ação Humana. Op. cit.*, p. 88-93.

de 1922", ou entre o "funcionário público prussiano" e o "fazendeiro bávaro", para ter em conta o impacto de diferentes experiências e ideologias na formação das expectativas em reação à informação sobre determinado aumento da oferta monetária. Ao teorizar sobre o efeito de uma nova emissão de papel-moeda na demanda por moeda durante os estágios finais da hiperinflação, o economista pode registrar que está ciente da propagação das expectativas inflacionárias até mesmo com respeito aos representantes menos empreendedores e mais ideologicamente cegos da população recorrendo a um único ideal-típico "auferidor de renda alemão".

Essa discussão aponta para a solução da controvérsia contínua entre misesianos e hayekianos a respeito de se a teoria econômica pode proporcionar conhecimento sobre o aprendizado humano e sobre os processos de difusão de conhecimento entre os indivíduos. Como um ramo da praxiologia, a teoria econômica *per se* não pode e não precisa estabelecer uma única proposição a respeito de tais processos; tal como no caso dos objetivos e valores humanos, aceita como dados para seu raciocínio os detalhes concretos daquilo que os participantes são capazes de aprender do processo histórico de mercado (tal como encapsulado nos tipos ideais). Os processos de aprendizado por intermédio dos quais os participantes do mercado adquirem e interpretam informação não são logicamente dedutíveis das categorias praxiológicas universais e atemporais; precisam ser "entendidos" ou timologicamente reconstruídos a partir da experiência histórica e então empregados entre as premissas suplementares da análise praxiológica apriorística para proporcionar teoremas econômicos que têm verdade tanto lógica quanto substantiva[80].

Tal como Mises[81] salientou, esse *"procedimento singular, e inclusive algo estranho do ponto de vista da lógica"* para analisar fenômenos econômicos, *"no qual estão entrelaçadas a teoria apriorística e a interpretação de fenômenos históricos"*, pode conduzir a erros sérios. De fato, as abordagens insatisfatórias e aparentemente irreconciliáveis para as expectativas, que dominam a teoria monetária do *mainstream*, resultam desse fracasso em apreciar e lidar com o papel indispensável da timologia e da história no estabelecimento dos pressupostos subsidiários do raciocínio econômico.

É esclarecedor comparar brevemente a visão de Mises acerca das expectativas com a de Hayek. Em *Economics and Knowledge*[82] [*Economia e Conhecimento*], Hayek emitiu um apelo para tornar a análise de equilíbrio aplicável ao mundo real, incorporando a ela um "elemento empírico", consistente em "proposições sobre a aquisição do conhecimento" que seriam adequadas para explicar a tendência ao equilíbrio supostamente observável na economia real. Prosseguiu

---

[80] Isso contrasta com a perspectiva de Kirzner de que o "estado de alerta" ou a capacidade de perceber ou "descobrir" essas mudanças no próprio ambiente que prometem redundar em benefício próprio é uma propensão inerente à ação humana e constitui a essência do comportamento propositado. KIRZNER. *Perception, Opportunity, and Profit: Studies in the Theory of Entrepreneurship. Op. cit.*, p. 13-33. Para uma crítica da visão de Kirzner a partir de uma perspectiva misesiana, ver SALERNO, Joseph. T. "Mises and Hayek Dehomogenized". *Op. cit.*

[81] MISES, Ludwig von. *Ação Humana. Op. cit.*, p. 96.

[82] HAYEK, F. A. "Economics and Knowledge". *In*: HAYEK, F. A. *Individualism and Economic Order. Op. cit.*

argumentando em termos gerais que a solução consistia na introdução, na teoria econômica formal, de "tipos ideais", significando *"hipóteses concretas sobre as condições sob a quais as pessoas supostamente adquirem o conhecimento relevante e o suposto processo por intermédio do qual o adquirem"*[83]. Nesse estágio de seu pensamento e antes de ter conseguido muito progresso na seleção dos tipos ideais empiricamente relevantes para servirem como hipóteses suplementares, o projeto de Hayek parecia semelhante ao de Mises. Nove anos mais tarde, entretanto, em *The Use of Knowledge in Society*[84] [*O Uso do Conhecimento na Sociedade*], Hayek identificou especificamente o tipo ideal abrangente a ser utilizado na análise econômica como uma economia cujos preços sempre se aproximam de seus valores de equilíbrio de longo prazo e que, portanto, transmitem conhecimento preciso a respeito dos dados dispersos do sistema econômico aos tomadores de decisões descentralizados[85]. O pressuposto de Hayek daquilo que chamei, em outra parte, de "equilíbrio proximal" afasta-se de maneira importante da teoria das expectativas de Mises de duas maneiras. Primeiramente, elimina a incerteza genuína e a necessidade da previsão empreendedora e da apreciação dos preços futuros da análise econômica porque implica que *"os preços correntes são indicações bastante fiáveis do que os preços futuros provavelmente serão"*[86]; em segundo

---

[83] Idem. *Ibidem*, p. 47-48.
[84] HAYEK, F. A. "The Use of Knowledge in Society". *Op. cit.*, p. 77-91.
[85] Se essa construção mental pode ser chamada de "tipo ideal" é outra questão; o próprio Hayek evitou usar o termo em seu artigo posterior.
[86] HAYEK, Friedrich A. *Denationalisation of Money – The Argument Refined: An*

lugar, Mises negou explicitamente que a economia real abriga uma tendência empírica a operar próxima do equilíbrio de longo prazo ou mesmo a progredir temporalmente em direção a um tal estado[87].

IV - Expectativas Inflacionárias e a Hiperinflação Alemã

A abordagem timológica de Mises para as expectativas é claramente ilustrada em sua análise dos episódios históricos de inflação, em particular a hiperinflação alemã após a Primeira Guerra Mundial. Por exemplo, já no início da inflação de guerra na Alemanha, em 1914, o detentor de marcos alemão ideal típico incluía trabalhadores, empreendedores e banqueiros. Confrontavam o aumento geral dos preços com expectativas inelásticas profundamente arraigadas, baseadas em sua longa experiência com o padrão-ouro e reforçadas pela aceitação geral da doutrina de Georg Knapp (1842-1926) de que o poder do Estado era a fonte do valor da moeda. De acordo com Mises[88]:

Analysis of the Theory, and Practice of Concurrent Currencies. London: The Institute of Economic Affairs, 2nd ed., 1978. p. 82.

[87] A respeito da concepção de Hayek de "equilíbrio proximal" e sua inconsistência com a teoria misesiana do empreendedorismo e da apreciação, ver SALERNO, Joseph T. "Mises and Hayek Dehomogenized". *Op. cit.*; SALERNO, Joseph T. "Reply to Leland Yeager on 'Mises and Hayek on Calculation and Knowledge'". *Op. cit.*

[88] MISES, Ludwig von. *The Great German Inflation. Op. cit.*,

Quando a inflação de guerra veio, ninguém entendeu o que significava uma mudança no valor da unidade monetária. Tanto o homem de negócios quanto o trabalhador acreditavam que um aumento da renda em marcos era um aumento real da renda. Continuaram a computar em marcos sem qualquer consideração para seu valor decrescente. Atribuíam o aumento dos preços das mercadorias à escassez dos bens devida aos bloqueios[89].

As expectativas eventualmente começaram a se ajustar, porém "levou anos" mesmo para os empreendedores alemães para que reconhecessem e adaptassem suas expectativas à verdadeira causa da inflação de preços, enquanto os trabalhadores foram ainda mais lentos para se ajustar[90]. Mesmo no mercado de empréstimos, as expectativas se ajustaram muito lentamente. Nos estágios iniciais da inflação, depois que as pessoas se desvencilharam das garras de sua longa experiência pré-inflacionária com a moeda-mercadoria, o que pode ser vagamente caracterizado como expectativas adaptativas substituiu as expectativas inelásticas. Durante esse período, o prêmio de inflação da taxa de juros nominal ficou aquém da taxa de inflação *"porque aquilo que o gera não é a mudança na oferta de moeda [...] mas sim os efeitos – que necessariamente ocorrem mais tarde – dessas mudanças sobre a estrutura de preços"*[91].

---

[89] Idem. *Ibidem.*, p. 101-102.
[90] MISES, Ludwig von. *The Great German Inflation. Op. cit.*, p. 100.
[91] MISES, Ludwig von. *Ação Humana. Op. cit.*, p. 545.

À medida que a inflação progrediu, começou a ficar claro para aqueles que tinham o maior grau de antevisão empreendedora que ela provavelmente persistiria e que poderia mesmo acelerar no futuro, e que havia lucros pecuniários a serem colhidos de tal ocorrência. O que pode ser chamado, novamente de maneira bastante vaga, de "expectativas racionais" começou a se desenvolver primeiramente no mercado de câmbio estrangeiro e então, posteriormente, nos mercados de ações e mercadorias. Especuladores no mercado de câmbio começaram a antecipar os efeitos dos aumentos correntes e depois futuros da oferta de moeda nos preços domésticos e, portanto, nas taxas de câmbio, e ocorreu um grande atraso "reverso" entre o aumento dos preços domésticos das mercadorias e o aumento dos preços das divisas. Enquanto isso, os altos lucros obtidos pelos especuladores no mercado de câmbio atraíram para esse mercado outros especuladores, que antes operavam nos mercados de ações e de títulos. Infelizmente a experiência, o conhecimento e as técnicas que serviam bem a esses especuladores nos outros mercados não eram os mais adequados para o mercado de câmbio. De acordo com Mises[92], o especulador do mercado de ações ideal típico desse período era ignorante a respeito "dos princípios subjacentes à formação do valor monetário" e "considerava a unidade monetária como se fosse uma cota de ação do governo". Como resultado, era capaz de comprar marcos após quedas acentuadas, acreditando que também se apreciaria rapidamente porque o governo permanecia

---

[92] MISES, Ludwig von. *On the Manipulation of Money and Credit*. Op. cit., p. 20.

estável e a economia, produtiva. Assim, até aprenderem com a experiência, as ações dos especuladores de ações transplantados ao mercado de câmbio retardaram e podem mesmo ter interrompido temporariamente o declínio, nos mercados de câmbio, da moeda que se depreciava domesticamente.

No entanto, enquanto a maioria dos auferidores de rendimentos monetários não conseguia se livrar de suas viseiras ideológicas e reconhecer que sua experiência passada com uma moeda-mercadoria era irrelevante, foi também incapaz de chegar às conclusões corretas a partir de suas experiências correntes. Isso fez com que a inflação dos preços domésticos ficasse atrás do crescimento da oferta monetária e do declínio do valor externo do marco. Eventualmente, entretanto, após anos de experiência com a inflação, as massas de assalariados e de fazendeiros aprenderam que os preços crescentes estavam ligados a aumentos na oferta de papel-moeda, e sua fé na estabilidade de longo prazo do poder de compra do marco foi profundamente abalada. Assim que as massas desenvolveram "expectativas racionais" baseadas em sua visão obtida durante a respeito da conexão entre a moeda e os preços, finalmente perceberam que a inflação monetária era uma política deliberada do governo que muito provavelmente não seria revertida logo e que a hiperinflação estava chegando.

Mises[93] descreveu essa evolução das expectativas inflacionárias conduzida pela experiência e transição abrupta das expectativas inelásticas para racionais por parte do público em termos dramáticos:

---

[93] MISES, Ludwig von. *Ação Humana: Um Tratado de Economia*. Op. cit., p. 497.

Essa primeira etapa do processo inflacionário pode durar vários anos. Durante esse período, os preços de muitos dos bens e serviços ainda não estão ajustados à nova relação monetária. Ainda existem pessoas no país que não se deram conta do fato de que estão diante de uma revolução nos preços, que resultará numa alta generalizada, embora não na mesma intensidade para todas as mercadorias e serviços. Essas pessoas ainda acreditam que os preços diminuirão um dia. Enquanto esperam por esse dia, reduzem suas compras e aumentam seus encaixes [...].

Então, finalmente, as massas acordaram. Tornaram-se subitamente cientes do fato de que a inflação é uma política deliberada e que prosseguirá de maneira interminável. Ocorre uma ruptura. O colapso do sistema creditício se torna visível. Em um lapso de tempo muito breve, algumas semanas ou mesmo dias, as coisas que eram usadas como moeda não são mais utilizadas como meio de troca. Tornam-se não mais que pedaços de papel.

Assim que as pessoas experimentaram em primeira mão o colapso monetário da hiperinflação, seu conhecimento e expectativas passaram a ficar permanentemente alterados. Mesmo o menor aumento na oferta monetária levará todos os estratos da população a antecipar que as autoridades políticas estão entrando mais uma vez em uma política inflacionária deliberada que culminará em outro colapso monetário catastrófico. As tentativas do público, guiadas pelo pânico, de diminuir a retenção de moeda, com base em expectativas que se tornaram "desconectadas" de qualquer apreciação razoável da situação econômica evoluindo objetivamente, lançará rapidamente a economia em uma inflação de preços descontrolada. Conforme Mises[94] observou:

> Uma nação que tenha experimentado a inflação até seu desfecho final não se submeterá a uma segunda experiência desse tipo até que a memória da anterior tenha desvanecido [...]. Excessivamente cautelosos por causa do que sofreram, logo no início da inflação [as vítimas e testemunhas da inflação de 1923], entrarão em pânico. O aumento dos preços terminará por ser desproporcional ao aumento da quantidade de papel-moeda [...].

Resta-nos conciliar a discussão de Mises a respeito da evolução das expectativas no curso de uma hiperinflação com o papel central atribuído às expectativas no contexto de sua teoria dos ciclos econômicos. O próprio Mises[95] percebeu que há um problema importante que precisa ser resolvido. Por que é que, embora o público aprenda suficientemente bem as lições ensinadas por sua experiência com a hiperinflação para empreender ações que impeçam a recorrência regular desse fenômeno da moeda fiduciária, *"as pessoas são incorrigíveis"* quando se trata de aprender a evitar as acelerações e desacelerações cíclicas associadas à expansão do crédito bancário[96]. Nas palavras de Mises, *"o que demanda uma explicação especial é por que tentativas são feitas repetidamente para melhorar*

---

[94] MISES, Ludwig von. *The Great German Inflation. Op. cit.*, p. 102.
[95] MISES, Ludwig von. *On the Manipulation of Money and Credit. Op. cit.*, p. 132-136.
[96] MISES, Ludwig von. *Ação Humana. Op. cit.*, p. 659.

as condições econômicas gerais por intermédio da expansão do crédito em circulação [isto é, crédito bancário na forma de meio fiduciário] a despeito do fracasso espetacular de tais esforços no passado"[97].

A resposta para essa questão, conforme sugeriu Mises, é dupla. Primeiramente, existe o fator ideológico: profundamente arraigada nas mentes dos banqueiros e dos empreendedores se encontra a visão, que tem sido reforçada por doutrinas econômicas errôneas, de que o aumento dos preços e as baixas taxas de juros são condição prévia para condições de negócios favoráveis e para a prosperidade econômica e, portanto, que esse deve ser um objetivo da política econômica[98]. Em segundo lugar, esse fator ideológico torna ainda mais difícil para os empreendedores, não treinados nas tecnicalidades econômicas, perceberem as conexões entre as taxas de juros que diminuem por causa da expansão do crédito bancário, os investimentos de capital equivocados do *boom* e a subsequente crise e depressão que resultam da revelação súbita e da liquidação desses investimentos errôneos. Tal como Mises[99] apontou, ademais, compreender essas ligações requer um conhecimento muito mais recôndito e um esforço intelectual mais rigoroso do que o necessário para compreender a conexão entre o funcionamento das máquinas de impressão e o aumento dos preços. O ponto de Mises é reforçado pelo fato de que, após a fase inicial de

---

[97] MISES, Ludwig von. *On the Manipulation of Money and Credit. Op. cit.*, p. 136.
[98] Idem. *Ibidem.*, p. 138, 146.
[99] MISES, Ludwig von. "'Elastic Expectations' and the Austrian Theory of the Trade Cycle". *Economica*, Vol. 10 (August 1943): 251-52.

expansão creditícia, as taxas de juros não parecem incomumente baixas e podem mesmo parecer elevadas para o empreendedor por causa do aumento do prêmio de inflação que impulsiona progressivamente a taxa nominal. Assim, mesmo que o empreendedor tenha aprendido a lição básica de evitar expandir suas operações quando as taxas de juros caem para níveis incomumente baixos, ainda seria atraído para realizar maus investimentos com o progresso do *boom* inflacionário e o aumento das taxas nominais.

Mises[100] concluiu: "nada além de uma familiaridade perfeita com a teoria econômica e um escrutínio cuidadoso dos fenômenos monetários e creditícios pode salvar um homem de ser enganado e atraído para maus investimentos". Certamente, a análise timológica revela ao economista que o pressuposto de que os empreendedores no mundo contemporâneo têm noções da teoria austríaca dos ciclos de negócios é patentemente falso e conduz e deduções teóricas equivocadas. Porém, Mises também censurou os "vários economistas" que "tomam por certo", ao lidar com casos concretos de expansão creditícia, que o futuro será como o passado e que o teórico não precisa levar em conta o efeito da aprendizagem sobre a expectativa dos empreendedores. Assim, argumentou Mises[101],

> Pode ser que os empresários, no futuro, reajam à expansão do crédito de forma diferente da que reagiram no passado. Pode ser que não queiram expandir suas atividades usando o

---

[100] Idem. *Ibidem.*, p. 252.
[101] MISES, Ludwig von. *Ação Humana. Op. cit.*, p. 901.

dinheiro fácil disponível, por terem em mente as consequências do inevitável fim do período de *boom*. Alguns sinais pressagiam essa mudança.

No parágrafo que segue imediatamente aquele do qual é extraída a citação anterior de Mises, e que apareceu na terceira (1966), mas não na primeira edição (1949) de *Ação Humana*, Mises[102] sugeriu que tanto o público quanto a imprensa financeira aprenderam os principais ensinamentos da teoria austríaca dos ciclos de negócios, a saber, que o *boom* causa a depressão subsequente e que ele é produzido pela expansão precedente do crédito bancário. A formação de expectativas com base nesse conhecimento agora obrigou as autoridades monetárias a restringirem o crédito sempre que aparecessem os primeiros sinais do *boom*. É a esses fatores que Mises atribuiu a acentuada redução na duração observada e na severidade das flutuações cíclicas durante os anos 1950.

A abordagem timológica de Mises para as expectativas parece ser bem adequada para orientar as pesquisas aplicadas à evolução da economia americana nos anos 1980 e início da década de 1990. Por exemplo, as taxas de juros reais de longo prazo, aparentemente altas durante a assim chamada "recuperação de Reagan", podem ser parcialmente ou mesmo principalmente explicadas como um alto prêmio de inflação sobre a taxa de juros real, que reflete as expectativas inflacionárias persistentes oriundas da experiência do público, e especialmente do mercado de títulos, com as taxas de inflação

---

[102] Idem. *Ibidem.*, p. 798.

de dois dígitos dos anos do governo de Jimmy Carter. Essa interpretação misesiana contradiz a explicação proposta pelos keynesianos e outros que atribuem as taxas de juros reais insistentemente altas a uma orientação política "frouxa na parte fiscal e apertada na parte monetária". Ademais, a recuperação lenta e contínua da recessão dos anos 1990-1991, mesmo em face de quedas substanciais das taxas de juros de curto prazo e do crescimento cada vez mais acelerado da oferta monetária, pode ser explicada como consequência da relutância dos empreendedores e investidores a empregar o crédito bancário adicional para financiar projetos de capital de longo prazo, dado que esperavam que a taxa de retorno sobre o investimento ("a taxa natural de juros") fosse erodida pelos aumentos de impostos, pela maior regulamentação e pelos custos da iminente legislação de saúde do governo de Bill Clinton.

Do ponto de vista da teoria pura, a abordagem timológica para as expectativas, juntamente com a teoria austríaca dos ciclos de negócios, proporciona um tratamento das flutuações cíclicas que, em contraste com a teoria do Ciclo de Negócios Real, baseada nas expectativas racionais, sustenta rigorosamente a suposição de que os mercados se compensam instantaneamente, sem ser necessário invocar choques tecnológicos recessivos improvavelmente grandes e modelos intertemporais de substituição do trabalho que dependam de respostas elásticas improváveis da oferta de trabalho a flutuações transitórias da taxa de salários real.

V - Conclusão

A teoria de Mises do processo inflacionário foi ou negligenciada ou mal compreendida pelos teóricos monetários do *mainstream*, por se encontrar fundamentada na teoria austríaca de preços. Essa teoria, que deve muito mais aos trabalhos de Böhm-Bawerk e de Wicksteed do que àqueles de Alfred Marshall (1842-1924) e Léon Walras (1834-1910), busca explicar a determinação e a função dos preços que realmente se realizam no mundo real de mudanças constantes e desequilíbrio. Nesse cenário, a moeda não é meramente um numerário, mas sim um fator causal no processo de precificação do mercado, e o método de análise passo a passo de Mises é o único adequado para analisar uma economia que é tão dinâmica.

A despeito do caráter de desequilíbrio da economia, entretanto, o processo de compensação do mercado apresenta uma importante função a desempenhar na precificação e alocação dos recursos escassos, uma função que Hutt[103] descreveu de forma feliz como "as consequências coordenadoras dinâmicas do ajuste de preços". De acordo com Mises, o processo de apreciação social coordenador do mercado assegura que o preço corrente de cada recurso escasso seja igual ao seu produto de receita marginal esperado (descontado pela taxa de juros) e, portanto, que todos os recursos produtivos existentes estão sempre plenamente empregados naqueles usos que os empreendedores consideram ser os mais valiosos à luz

---

[103] HUTT, William H. *The Keynesian Episode. Op. cit.*, p. 285.

de seu conhecimento das possibilidades tecnológicas e de suas previsões acerca das condições futuras do mercado, inclusive suas avaliações dos preços prospectivos da produção.

Conforme argumentei em outra parte[104], um misesiano concebe o processo coordenador do mercado como extremamente duro e não como algo mais suscetível de ser interrompido por mudanças geradas pelo mercado no fluxo de gastos da moeda, tais como o entesouramento, o desentesouramento e alterações nos custos de produção da mineração do ouro, do que por mudanças nos dados "reais" do sistema econômico. Conforme Mises argumentou, contudo, o processo *pode* ser prejudicado e distorcido pela intervenção externa que mina ou nulifica sua propriedade compensatória do mercado nos mercados de recursos, uma propriedade que pode ser restaurada de maneira crua e temporária por um episódio de inflação não antecipada que reduz os preços reais do trabalho e de outros recursos para os níveis de equilíbrio. Assim, a análise de Mises explica o efeito observado da inflação sobre o emprego e o produto de maneira totalmente consistente com os microfundamentos da teoria monetária austríaca, sem invocar pressupostos *ad hoc* e irreais a respeito do comportamento dos participantes do mercado.

Mises desenvolveu uma teoria das expectativas inflacionárias e das expectativas em geral que tem sido amplamente ignorada pelos austríacos contemporâneos, principalmente devido à sua tendência a combinar as perspectivas de Mises

---

[104] SALERNO, Joseph T. "Commentary: The Concept of Coordination in Austrian Macroeconomics". *Op. cit.*

e de Hayek. Sob o pressuposto de Hayek do "equilíbrio proximal", que é uma situação na qual a coordenação *ex ante* dos planos dos indivíduos é quase perfeita e os preços se encontram normalmente próximos dos seus valores de equilíbrio no longo prazo, as expectativas são um subproduto trivial do conhecimento obtido a partir dos preços passados. Para Hayek, portanto, as expectativas não exigem explicação independente.

Kirzner, que segue Hayek em alguns aspectos importantes, coloca que o estado de alerta com respeito às informações transmitidas pelo sistema de preços é uma propensão inerente à ação humana. Sob essa perspectiva, os empreendedores, de maneira alerta, descobrem hiatos entre os preços dos recursos e dos produtos a partir do passado imediato, e exploram sem custos essas oportunidades de lucro. O procedimento de Kirzner transforma efetivamente os empreendedores-produtores em praticantes de arbitragem que se concentram nas condições correntes do mercado e que têm pouco interesse no futuro. Tal procedimento evita qualquer discussão a respeito de como os empreendedores formulam expectativas sobre o futuro incerto com base em sua experiência timológica e conhecimento[105].

Talvez a lição mais valiosa que os economistas possam aprender sobre a abordagem de Mises para as expectativas seja a importância crucial dos pressupostos subsidiários

---

[105] Para uma tentativa recente de realizar uma deshomogeneização profunda dos paradigmas misesiano e hayekiano/kirzneriano, ver: SALERNO, Joseph T. "Mises and Hayek Dehomogenized". *Op. cit.*

realistas para deduzir corretamente e aplicar as leis da economia praxiológica à análise dos eventos e políticas da economia do mundo real. De forma mais ampla, a teoria de Mises das expectativas abre caminho para o entendimento do papel adequado para a pesquisa histórica e timológica na elaboração da teoria econômica.

Índice Remissivo e Onomástico

A

Ação Humana ver *Human Action*
África, 54
Alemanha, 16, 35, 54, 70, 114, 120, 122-24, 132-34, 136-37, 166, 174, 177, 187, 240
Alighieri, Dante (1265-1321), 92
American Economic Association [Associação Americana de Economia], 12, 211
Anderson, Benjamin M., 39
Anne (1665-1714), rainha da Inglaterra, 116
Aristófanes (c. 448-380 a. C.), 112
Aristóteles (384-322 a. C.), 80
Ásia, 54
Áustria, 14, 30-32, 35, 70, 132, 166-67
Austrian Economics and the Political Economy of Freedom, de Richard M. Ebeling, 29

B

Banco da Inglaterra, 137, 148-50
Banco de Nova York, 175
Banco Nacional Austríaco, 32
Beethoven, Ludwig van (1770-1827), 122
Bélgica, 136-37
Bentham, Jeremy (1748-1832), 165
Bergson, Henri (1859-1941), 64, 81
Bernard, Claude (1813-1878), 62
Bien-Greaves, Bettina (1917-2018), 23
Birch, Dan E., 221
Birmingham Little Shilling Men, 150
Böhm-Bawerk, Eugen von (1851-1914), 14, 18, 80, 169, 202, 250
Boltzmann, Ludwig (1844-1906), 103
Bremen, 166
Broadway, 187
Brooklyn, 140
Burke, Edmund (1729-1797), 70
Burocracia, de Ludwig von Mises, 37

C

Cairnes, John Elliott (1823-1875), 198
Cálculo Econômico em uma Comunidade Socialista, O, de Ludwig von Mises, 33
Câmara Austríaca de Comércio, 14
Câmara de Comércio, Artes e Indústria de Viena, 30-32
Câmara de Comércio de Los Angeles, 39

Câmara de Comércio de Manchester, 121
Cannan, Edwin (1861-1935), 221
Cantillon, Richard (1680-1734), 198
Caos Planejado, de Ludwig von Mises, 37
Capital, O, de Karl Marx, 93, 97
Carter Jr. James Earl "Jimmy" (1924-), 39º presidente dos Estados Unidos da América, 249
Carver, Thomas Nixon, 39
Cassel, Gustav (1866-1945), 136
Charles I, rei da Inglaterra (1600-1649), 171
Charles, nascido Charles Phillip Arthur George (1948-), príncipe de Gales e do Reino Unido, 235
Chicago, 216
China, 56
Christian Significance of Karl Marx, The [A Importância Cristã de Karl Marx], de Alexander Miller, 104
Churchill, Winston Leonard Spencer (1874-1965), 152-53
Ciclo de Negócios Real, 249
Clinton, William Jefferson "Bill" (1946-), 42º presidente dos Estados Unidos da América, 234, 249
Coca-Cola, 116-17
Comissão de Reparações da Liga das Nações, 31
Companhia de Óleo Anglo-Iraniana, 118
Comte, Auguste (1798-1857), 57, 64-67, 69-70, 90, 122
Conferência de Bretton Woods, 183
Congresso norte-americano, 136, 234
Conta de Equalização de Câmbio, 139
Contexto Histórico da Escola Austríaca de Economia, O, de Ludwig von Mises, 38

Coolidge, John Calvin, 30º presidente dos Estados Unidos da América (1872-1933), 170
Coreia, 56
Coreia do Norte, 56
Crítica ao Intervencionismo, Uma, de Ludwig von Mises, 34-35
Crítica da Política Econômica, de Karl Marx, 93
Cruzadas, 69
Curtiss, W. Marshall, 42

D

Darwin, Charles Robert (1809-1882), 86, 96
Defesa da Usura, de Jeremy Bentham, 165
Departamento Nacional de Pesquisas Econômicas, 86
Depressão de 1857 da Áustria, 166
Douglas, Paul (1892-1976), 84

E

Ebeling, Richard M. (1950-), 8, 10, 29, 200, 202
Economics and Knowledge [*Economia e Conhecimento*], de F. A. Hayek, 238
Edwards, James Rolph, 204-05, 211, 223-24
Einstein, Albert (1879-1955), 78
Engels, Friedrich (1820-1895), 90, 95-97, 99, 101, 104, 116
Escola Austríaca, 41, 209, 216
Escola Bancária Britânica, 168, 185
Escola Monetarista, 167-68
Espanha, 37
Estados Unidos da América, 8, 15, 28, 32, 36-37, 39-40, 55, 71, 85, 120, 133-34, 141, 144, 153, 156, 158, 175, 182, 235

ÍNDICE REMISSIVO E ONOMÁSTICO 257

Ética Protestante e o Espírito do Capitalismo, de Max Weber, 66
Europa, 32, 85, 112, 188
Exército austríaco, 31
Exército russo, 31
Extremo Oriente, 138, 185

F

Farmington Hills, 26
Fénelon, François de Salignac de La Mothe (1651-1715), conhecido como bispo Fénelon, 52-53
Festschrifts, 13
Feuerbach, Ludwig Andreas (1804-1870), 92
Fisher, Irving (1867-1947), 158-59, 174, 206-07, 209-10
Flucht in die Sachwerte ("lance em direção aos verdadeiros valores"), 132
Foundation for Economic Education (FEE), 8, 10, 23, 26-28, 39
França, 37, 70, 133-34, 137, 149, 166
Freedom and Free Enterprise, On [*Sobre a Liberdade e a Livre Empresa*], 13
Freeman, The, 27, 42
Friedman, Milton (1912-2006), 201, 209-11, 215-17, 221
Friedrich Wilhelm III da Prússia (1770-1840), 89
Fuhrerprinzip (a ideia de que o sábio *Führer* deveria dar as ordens que recebia diretamente de Deus, o *Führer* do Universo), 115
Fundação Richard E. Fox, 26
Fundação Rockefeller, 37
Fundo Monetário Internacional (FMI), 183, 185

G

Galícia, 29
Geist, (o espírito ou a mente), 89, 91

Geldzins und Guterpreise [*Interest and Prices*], de Knut Wicksell, 169
Gemeinwirtschaft, Die: Untersuchungen über den Sozialismus [*A Economia Coletiva: Estudos sobre o Socialismo*], de Ludwig von Mises, 15-16, 18-19, 33
Genebra, 15, 36
Gesammelte Aufsdtze zur Religionssoziologie [*Sociologia das Grandes Religiões*], de Max Weber, 66
Gladstone, William Ewart (1809-1898), 159
Globalization: Will Freedom or World Government Dominate the International Marketplace?, Richard M. Ebeling (ed.), 32
Goethe, Johann Wolfgang (1749-1832), 63, 122
Governo Onipotente ver *Omnipotent Government*
Grã-Bretanha, 54, 112, 121, 134, 137, 139-42, 149-53, 156-57, 162, 166-67
Graduate Institute of International Studies [Instituto Universitário de Altos Estudos Internacionais], em Genebra, 15, 36
Graduate School of Business Administration of New York University [Escola de Pós-Graduação em Administração de Empresas da Universidade de Nova York], 15
Grande Depressão de 1929, 218
Greaves Jr., Percy L. (1906-1984), 26
Gresham, *Sir* Thomas (1519-1579), 112
Grove City College, 12
Guerra Franco-Prussiana de 1870, 120
Guerras Napoleônicas, 149-51

H

Haberler, Gottfried (1900-1995), 14, 171, 218-19, 221
Habsburg, casa de, 116
Hamburgo, 166-67
Hayek, F. A. [Friedrich August von] (1899-1992), 14, 33, 238-40, 252
Hazlitt, Henry (1894-1993), 9, 13, 41
Hegel, Georg Wilhelm Friedrich (1770-1831), 24, 57, 88-90
Helfferich, Karl (1872-1924), 133-34
Hicks, John Richard (1904-1989), 223
Hiperinflação alemã pós-Primeira Guerra Mundial, 31-32, 202, 236-37, 240, 243-45
History and Critique of Interest Theories, de Eugen von Bohn-Bawerk, 80
Hitler, Adolf (1889-1945), 14, 35, 91, 187
Hoffman, Beth, 27
Holanda, 136-37, 166
Hoppe, Hans-Hermann (1949-), 234
Human Action: A Treatise on Economics [*Ação Humana: Um Tratado sobre Economia*], de Ludwig von Mises, 16, 23, 36
Hume, David (1711-1776), 95, 124, 198
Humphrey, Thomas J., 209-10
Hungria, 31, 105, 133
Hutt, William H., 217, 221-22, 250

I

Idade Média, 83, 96, 114
Igreja Católica, 24
Igreja da União Prussiana, 89
Império Alemão, 31
Império Austro-Húngaro, 14, 29-31
Império Britânico, 151
Índias Ocidentais Britânicas, 138
Inglaterra, 99, 105, 116, 136-37, 148-50, 152, 167-68

Instituto Austríaco para Pesquisa do Ciclo Econômico, 33
Intervencionismo: Uma Análise Econômica, de Ludwig von Mises, 38
Irã, 117
Irlanda, 85
Irvington-on-Hudson, 8, 27-28, 41-42
Itália, 54
Iugoslávia, 31

J

Jenks, Jeremiah (1856-1929), 138
Jevons, William Stanley (1835-1882), 105, 169
Junker prussiano, 99, 182

K

Kant, Immanuel (1724-1804), 88, 122
Kemmerer, Edwin Walter (1875-1945), 138
Keynes, John Maynard (1883-1946), 119, 140, 151, 183, 196, 234
Kipling, Rudyard (1865-1936), 110
Knapp, Georg (1842-1926), 240

L

Lange, Oskar (1904-1965), 19
Lassalle, Ferdinand (1825-1864), 106
Leibniz, Gottfried Wilhelm von (1646-1716), 77
Lei de Gersham, 112
Lei de Peel, 168, 170
Lei de Say, 167
Leis, As, de Platão, 50
Leis do Milho, 150
Leijonhufvud, Axel, 222
Lemberg, 14, 29
Liberalismo, de Ludwig von Mises, 34
Libertarian Press, 18
Liga das Nações, 31-32, 170-71, 185
Lisboa, 37
Locke, John (1632-1704), 77

London School of Economics [Escola de Economia e Ciência Política de Londres], 221
Luís XIV (1638-1715), da França e de Navarra, 52
Luís XV (1710-1774), rei da França e de Navarra, 119
Lvov, 30

M

Machlup, Fritz (1902-1983), 14, 38
Madame de Pompadour, nascida Jeanne-Antoinette Poisson (1721-1764), Marquesa de Pompadour, 119
Madame du Barry, nascida Jeanne Bécu (1743-1793), 119
Malásia, 138
Malthus, Thomas Robert (1766-1834), 53
Manchúria, 56
Man, Economy, and State: A Treatise on Economic Principles, de Murray N. Rothbard, 202
Manhattan, 140
Manifesto do Partido Comunista, de Karl Marx e Friedrich Engels, 170
Marget, Arthur W. (1899-1962), 231-33
Mar Negro, 31
Marshall, Alfred (1842-1924), 250
Marx, Karl (1881-1883), 18, 25, 44, 57, 80-81, 88-07, 185, 193
Measurement of the Elasticity of Demand, 84
Menger, Carl (1840-1921), 105, 198
Mentalidade Anticapitalista, A, de Ludwig von Mises, 38
México, 85
Michigan, 26
Mill, John Stuart (1806-1873), 78, 106
Miller, Alexander (1968-), 104

Miséria da Filosofia, A, de Karl Marx, 94
Mises, Ludwig Heinrich Edler von (1881-1973), 8, 10, 12-14, 19, 22, 26, 28-30, 35, 39-41, 43, 46, 198
Mises, Margit, 37, 41-42
Morgenthau, Hans Joachim (1004-1980), 155
Moscou, 170
Mossadegh, Mohammed (1882-1967), 118
Mullendore, W. C., 39

N

Nação, Estado e Economia, de Ludwig von Mises, 33
Nações Unidas, 170, 185
Nationalökonomie: Theorie des Handelns und Wirtschaftens [*Economia: Teoria da Ação e da Atividade Econômica*], de Ludwig von Mises, 16, 35-36
New Deal, 15, 101, 154-55, 187, 190
New York University (NYU), 12, 41
Notes and Recollections, de Ludwig von Mises, 38, 203
Nova York, 8, 28, 37, 42

O

Ocidente, 110-12, 114
Odessa, 31
Olimpo, 44
Omnipotent Government [*Governo Onipotente*], de Ludwig von Mises, 15, 37
Opitz, Edmund, 42
Oresme, Nicolas (1323-1382), 112
Oriente, 110-12, 114-15, 138, 185
Oxenstierna af Södermöre, Axel Gustafsson (1583-1654), conhecido como Conde Oxenstierna, 151

P

Padrão flexível, 139-40
Padrão ouro, 32, 137-38, 140-41, 144-45, 148-49, 151-58, 182, 196, 240
Padrão papel, 158, 208
Países Baixos, 112
Parlamento britânico, 140, 171
Parlamento iraniano, 118
Partido Nazista alemão, 122
Patinkin, Don (1922-1995), 206
Pensilvânia, 26
Períodos inflacionários:
Estados Unidos, em 1781, 133-34
França, em 1796, 133-34
Alemanha, em 1923, 133-34, 177, 195, 245
Phillips, Alban William (1914-1975), 210
Pittsburgh, 26, 187
Pivarnik, Michael, 27
Planejando a Liberdade, de Ludwig von Mises, 37
Platão (c. 428/427- c. 348/347 a. C.), 50-51, 53
Poincaré, Henri (1854-1912), 78
Poirot, Paul, 42
Politburo polonês, 19
Polizeiwissenschaft, 52
Portugal, 37, 157
Prêmio Nobel de Economia, 13
Primeira Guerra Mundial, 30-33, 132, 134-36, 138, 151, 230, 240
Primeiros Princípios do Governo, Dos, de David Hume, 124
Princípio do *laissez-faire*, 185
Princípios da Economia Política, de John Stuart Mill, 106
Problemas Epistemológicos da Economia, de Ludwig von Mises, 35
Pyongyang, 56

R

Rabin, Alan A., 221

Ranke, Leopold von (1795-1886), 95
Rãs, As, de Aristófanes, 112
Read, Leonard (1898-1983), 23, 25, 39, 41-43
Reagan, Ronald Wilson (1911-2004), 40º presidente dos Estados Unidos da América, 248
Reich alemão de 1900, 70
Reichsbank, 174-75, 195
Reichstag alemão, 101
República, A, de Platão, 50
Revolução Francesa, 68, 70
Revolução Industrial, 54-55, 89, 112, 114, 116-17, 121
Ricardo, David (1772-1823), 106, 137-38
Riqueza das Nações, A, de Adam Smith, 165
Rio Yalu, entre Coreia do Norte e Manchúria, 56
Roosevelt, Franklin Delano (1882-1945), 32º presidente dos Estados Unidos da América, 155
Rose, Sheldon, 26
Rousseau, Jean-Jacques (1712-1778), 52
Rueff, Jacques (1896-1978), 20
Rússia, 31, 104-05

S

Santayana, George, nascido Jorge Agustín Nicolás Ruiz de Santayana y Borrás (1863-1952), 66
Savigny, Friedrich Karl von (1779-1861), 70
Schacht, Hjalmar Horace Greeley (1877-1970), 175
Segunda Guerra Mundial, 32, 86, 120, 135-36, 183
Senado americano, 84
Senso Comum da Economia Política, O, de Philip H. Wicksteed, 63

Sindicato Monetário Latino, 156
Silésia, 175
Smith, Adam (1723-1790), 54, 137, 165, 193
Socialism: An Economic and Sociological Analysis [*Socialismo: Uma Análise Econômica e Sociológica*], de Ludwig von Mises, 15
Socialismo Fabiano, 99
Socialismo: Uma Análise Econômica e Sociológica ver *Gemeinwirtschaft, Die: Untersuchungen über den Sozialismus*
Stalin, Josef Vissariónovitch (1878-1953), 170
Stuart, Casa de, 116
Sucessão protestante na Inglaterra, 116
Suécia, 136, 187
Suíça, 36-37, 105, 140, 154

T

Taxa de Friedman-Phelps, 201
Tchecoslováquia, 31
Teoria Austríaca dos Ciclos Econômicos, 30
Teoria da Mancha Solar, 189
Teoria e História, de Ludwig von Mises, 38
Teoria Quantitativa mecânica, 199, 206
Telêmaco, do Bispo Fénelon, 52
Theorie des Geldes und der Umlaufsmittel [*A Teoria da Moeda e dos Meios Fiduciários*], de Ludwig von Mises, 14, 16-17, 30, 169, 203, 223
Toward Liberty [*Em Prol da Liberdade*], de 66 autores, 13
Tucker, Jeffey A. (1963-), 9-10, 23

U

Ucrânia, 30-31
Ulianov, Vladimir Ilyich, conhecido como Lenin (1870-1924), 31
Universidade de Freiburg, 13
Universidade de Nova York, 16, 37, 42, 44, 138
Universidade de Viena, 14, 30, 32
Use of Knowledge in Society, The [*O Uso do Conhecimento na Sociedade*], de F. A. Hayek, 239

V

Velásquez, Diego (1599-1660), 116
Veneza, 69
Verstehen (entendimento específico), 225
Viena, 14, 30-33, 167

W

Walras, Léon (1834-1910), 105, 250
Warburton, Clark (1896-1979), 209
Washington, 185
Weber, Max [Maximilian Karl Emil] (1864-1920), 66-67
Wertfreiheit (liberdade de valor), 121
Westchester, 65
Wicksell, Knut (1851-1926), 169
Wicksteed, Philip H. (1844-1927), 63, 202, 250
Willkie, Wendell (1892-1944), 111

Y

Yeager, Leland B., 221-22

Z

Zum Abschluss des Marxschen Systems [*Karl Marx e o Fim de Seu Sistema*], de Eugen von Böhm-Bawerk, 18

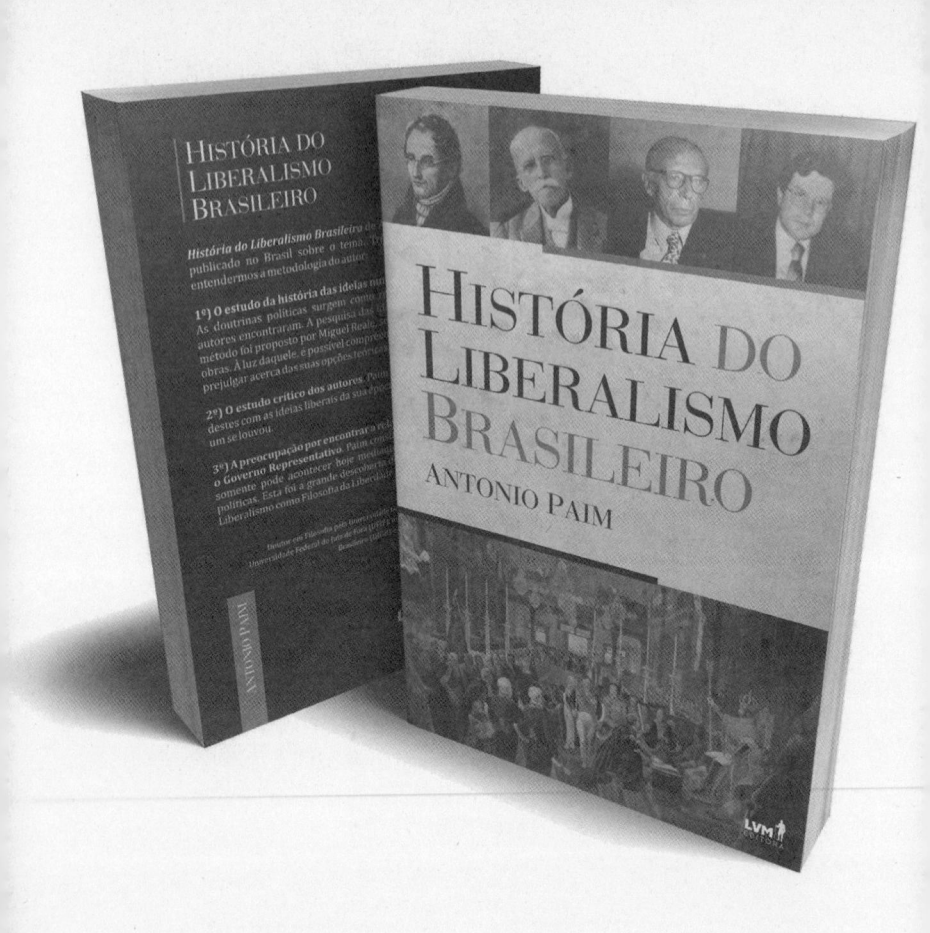

A trajetória pessoal e o vasto conhecimento teórico que acumulou sobre as diferentes vertentes do liberalismo e de outras correntes políticas, bem como os estudos que realizou sobre o pensamento brasileiro e sobre a história pátria, colocam Antonio Paim na posição de ser o estudioso mais qualificado para escrever a presente obra. O livro *História do Liberalismo Brasileiro* é um relato completo do desenvolvimento desta corrente política e econômica em nosso país, desde o século XVIII até o presente. Nesta edição foram publicados, também, um prefácio de Alex Catharino, sobre a biografia intelectual de Antonio Paim, e um posfácio de Marcel van Hattem, no qual se discute a influência do pensamento liberal nos mais recentes acontecimentos políticos do Brasil.

Liberdade, Valores e Mercado são os princípios que orientam a LVM Editora na missão de publicar obras de renomados autores brasileiros e estrangeiros nas áreas de Filosofia, História, Ciências Sociais e Economia. Merecem destaque no catálogo da LVM Editora os títulos da Coleção von Mises, que será composta pelas obras completas, em língua portuguesa, do economista austríaco Ludwig von Mises (1881-1973) em edições críticas, acrescidas de apresentações, prefácios e posfácios escritos por especialistas, além de notas do editor.

Acompanhe a LVM Editora nas Redes Sociais

 https://www.facebook.com/LVMeditora/

 https://www.instagram.com/lvmeditora/

Esta obra foi composta pela Spress em
Fournier (texto) e Caviar Dreams (título) e impressa em Pólen 80g.
pela Gráfica Viena para a LVM em fevereiro de 2024